W'

万榕

传播新知 优美表达

教育的目的

[英]怀特海——著　姜昊骞——译

SPM 南方传媒　花城出版社

中国·广州

图书在版编目（CIP）数据

教育的目的 ／（英）怀特海著；姜昊骞译. -- 广州：
花城出版社，2025. 1. -- ISBN 978-7-5749-0373-9

Ⅰ. G40-011

中国国家版本馆CIP数据核字第2024H1X216号

出 版 人：张　懿
选题策划：王会鹏
责任编辑：李珊珊
特约编辑：张竞文
责任校对：张　旬
技术编辑：林佳莹
封面设计：任展志

书　　名　教育的目的
　　　　　JIAOYU DE MUDI

出版发行　花城出版社
　　　　　（广州市环市东路水荫路 11 号）

经　　销　全国新华书店

印　　刷　清淞永业（天津）印刷有限公司
　　　　　（天津市宝坻区马家店工业区）

开　　本　880 毫米 ×1230 毫米　32 开

印　　张　7.5

字　　数　125，000 字

版　　次　2025 年 1 月第 1 版　2025 年 1 月第 1 次印刷

定　　价　49.80 元

如发现印装质量问题，请直接与印刷厂联系调换。
购书热线：024-23284481

前言

本书的大主题是教育的智识层面。有一个核心理念贯穿各章，在各章中得到了多角度阐述。简单地说，这个理念是：学生是活生生的人，教育的目的是激发和引导学生的自我发展。从这个前提可以得出一个引理：教师也应该是活生生的人，要有活生生的思想。这一整本书都是在抗议死知识，也就是呆滞的观念。除了第九章以外，每一章都是我在教育工作者和科学研究团体会议上所做的发言。这些文字来自实践经验，对教育实践的反思，以及对本书涵盖话题之意义所做的批判。

本书提及的"教育体系"指的是英国的状况，其成败优劣与美国教育体系有所不同。但我这样做只是为了参照说明，一般性原则同样适用于两国。

收录文本中最早的是 1912 年在英国剑桥郡举办的国际数学家大会教育专门讨论会，最晚的一篇是在 1928 年美国马萨诸塞州剑桥市哈佛商学院。第一、四、六、七、九和十章前已发表于拙作《思想的组织》（Williams and Norgate，London，1917）。第二章"教育的节奏"曾以单行本出版（Christophers，London，1922）。本次新版有删减而无更改。具体来说，最后三章曾发表于 1917 年，本书版本有所删减。这一部分不应理解为对我 1917 年之后所著文字的评论，实际关系是相反的。

在此，我要感谢《希伯特学刊》编辑授权我再版第三章"自由与训导的节奏"，第五章"古典文化在教育中的地位"，还要感谢《大西洋月刊》编辑授权我再版第七章"大学及其功能"。

艾尔弗雷德·诺思·怀特海

哈佛大学

1929 年 1 月

目 录

第一章　教育的目的

文化是思维活动，是对美的吸纳，是人性的情感。文化与碎片化的信息毫无关系。一个仅仅见多识广的人是世上最无用的无聊人。我们应该培养的是既有文化又掌握专门领域知识的人。专业知识是起步的基底，文化则会将人引向深刻的哲学与崇高的艺术。我们必须牢记，有价值的智识发展是自我发展，而自我发展主要发生在 16 岁至 30 岁之间。至于教导，大部分是在 12 岁之前由母亲提供的。坦普尔大主教（Archbishop Temple）[①] 的一句话正表达了我的意思。他在拉

[①] 坦普尔大主教（Archbishop Temple，1821—1902），任坎特伯雷大主教。曾担任牛津大学讲师和拉格比公学校长。——编者注

格比公学 ① 念书时默默无闻，后来却取得了巨大的成就，于是有人感到惊奇。他解释道："重点不在于孩子 18 岁时是一个什么样的人，而是他 18 岁后成了一个什么样的人。"

训练儿童思维活动时最重要的一点是，我们必须意识到我所说的"呆滞思想"——也就是单纯装进头脑的思想，没有得到运用或检验，也没有和其他思想建立新的关联。

教育史中有一个最惊人的现象，那就是在一个时代天才辈出的教育学派，到了下一个时代就只剩下陈腐和循规蹈矩了。其原因就在于呆滞思想的堆积。思想呆滞的教育不仅无益，而且有害——最恶者乃由最善者堕落而来（Corruptio optimi, pessima）。除了罕见的灵感勃发期以外，教育在过去充斥着呆滞的思想。正因如此，天性聪颖、未受过教育却饱经世事的中年女性往往是社会中最有文化修养的人。她们没有承受呆滞思想的可怕负担。每一场使人类迈向崇高的思想革命，都是对呆滞思想的激情抗争。唉，可惜由于对人类心理的无知，革命之后便是刻板的教育模式，重新用自己的呆滞思想来束缚人性。

我们现在要探讨的是，我们的教育体系如何才能抵御这

① 拉格比公学（Rugby School），英国著名公立学校，创立于 1567 年。——编者注

种心理上的枯枝败叶。我们要阐述两条教育诫命，"科目不要贪多""要教就教透彻"。

教的科目多，每个科目都只教一小部分，结果是学生被动接受了彼此没有关联、毫无活力火花的思想。儿童教育包含的主要思想应当少而精，而且要尽可能将这些思想结合起来。儿童应当内化这些思想，并且明白如何将其运用到自身当下的现实生活中。儿童应当从接受教育的一开始就感受到发现的快乐。他必须要自己发现这一点：借助一般性观念，他能够理解涌入他的生活的事件，而这些事件汇成的河流就是他的人生。我这里说的"理解"包含逻辑分析，但不仅仅是逻辑分析。我用的是一句法国俗语里的意思，"理解一切，就是原谅一切"。学究鄙视有用的教育。但如果教育不实用，它又是什么呢？难道是囊中之才吗？教育当然应该有用，不管你人生的目标是什么。教育对圣·奥古斯丁有用，对拿破仑也有用。教育之所以有用，是因为理解有用。

对于应当由语文教育培养的那一种理解，我只会略谈。我也不希望人们以为我要臧否古典教育和现代教育。我只是想说，我们追求的理解是对当下的理解。了解过去的唯一用处是有助于过好当下。厚古薄今对年轻人思想的伤害最为致命。当下蕴含着一切存在。它是圣地；它既是过去，也是未来。我们同样必须明白一点，2000 年前是过去，200 年前同样是过去。不要被迂腐的年份欺骗。索福克勒斯和维吉尔的时代是过去，莎士比亚和莫里哀的时代也一样是过去。神交先贤是激发灵感的盛会，但先贤只可能有一座会堂，那就是当下；至于一群先贤要多久才能到场，那是无关紧要的。

接下来谈科学和逻辑教育。我们在这里要记住，未得运用的观念是绝对有害的。我所说的"运用观念"，指的是将观念与生活之流联系起来，再加上感官知觉、情绪、欲望和心理活动来对思想进行调适。我可以想象出一类存在，它们只需要消极地回顾彼此无关的观念，就能强化自己的灵魂。人类的本性不是这样——也许某些报纸编辑除外。

在科学教育里得到一个新观念，要做的第一件事就是证明。但请容许我简短地展开"证明"的含义：我指的是——证明这个观念的价值。除非一个观念包含的命题为真，否则它就没有多少价值。于是，要证明一个观念，必要一环就是通过实验或逻辑证明它的命题为真。但是，最初介绍这个观念时未必就要证明它为真。毕竟，在一开始，观念出自值得尊敬的教师之口便已经是充足的证据了。在初次接触一组命题时，首先要领会这些命题的重要性。我们长大后都会这样做。我们的企图并不是严格意义上证实或证伪一个观念，除非它重要到配得上那份殊荣。狭义上的证明与领会是两个过程，但两者在时间上未必严格分离，反而可以几乎同步进行。但因为两个过程必然有一个轻重次序，那么在实践运用中，还是领会为先。

此外，我们不应该孤立地使用命题。我要强调一点，我的意思不是先用一组简明扼要的实验阐述命题一，然后证明命题一，接着用一组简明扼要的实验阐述命题二，然后证明命题二，如此往复，直到本书结束。那样做再枯燥不过了。相互关联的真命题会作为整体来运用，各种不同的命题会按任何顺序反复使用。选择你研究的理论课题的一部分重要应用，将应用研究和系统的理论表述同步推进。理论表述要简短，但要尽可能严格。它不应该过分冗长，以至于无法轻易进行透彻而准确的把握。满腹囫囵吞枣的理论知识会造成可鄙的影响。另外，理论不应混同于实践。对于什么时候是在证明观念，什么时候是在运用观念，儿童应该毫无疑义。我的观点是，得到证明的观念应当投入运用，而运用中的观念——如果它可以实践的话——也应该得到证明。我绝非主张"证明"和"运用"是一回事。

讲到这里，我可以用一种看似偏题的方式来更直接地阐明我的论点。我们只是刚刚开始意识到，教育艺术与教育科学需要自成一体的天分与研究，而且这种天分与研究不仅仅是掌握科学或文学某个分支的知识，上一代人在部分程度上察觉到了这条真理。中小学校长在同僚中提出了不合理的要求，要求他们左手打保龄球、对足球感兴趣，以此来取代学术。但是，文化不只是保龄球，不只是足球，也不只是广博的知识面而已。

教育就是让人掌握如何运用知识的技艺。这门技艺极难传授。只要是一本具有真正教育价值的教科书，肯定会有论者说它难教。它当然难教。如果容易教的话，这本书就应该烧掉了，因为它不可能有教育价值。教育和其他领域一样，康庄大道通往的是险地。代表这条邪路的是这样一种书本或者课程，它们让学生能够用心学会下一次外部考试中可能会问到的所有问题。顺便说一句，除非学生在任何一场考试中要回答的问题都由实际任课教师编写或修订而成，否则教育体系就不可能成立。外部考官可以评估课程设置或者学生表现，但绝不应该允许其向学生提问，除非问题获得了任课教师的严格监督，或者最起码要经过与任课教师的长谈。这条规则有少数例外，但那是例外，而且容易被涵盖到一般规则下。

现在我们回到前一个观点：学校课程中一定要包含理论

观念的重要应用。这条道理运用起来不容易。它自身就包含让知识保持鲜活、避免呆滞的问题，而这正是一切教育的核心问题。

最优秀的教育过程由多个皆不可偏废的因素决定：教师的才能、学生的智力类型、学生的人生展望、学校周遭环境提供的机会，以及类似的相关因素。正因如此，统一外部考试才是致命的。我们批判考试并非因为我们是怪人，乐于批判体制。我们没有那么幼稚。另外，这种考试也有检验惰勤的作用。我们不喜欢考试的理由是非常明确、非常实际的。它扼杀了文化的精华。当你实事求是地分析教育的中心任务时，你会发现，成功的教育取决于对众多变量的微妙调适。原因在于，我们处理的是人的头脑，而非死物。激发学生的好奇心、判断力、驾驭复杂情景的能力、在具体情况下预见性地运用理论——这些能力都不是靠一条体现在考试科目中的固定规则所能传授的。

我要向你们一线教师呼吁。通过严加管教，我们总能够将一定数量的呆滞知识灌入全班同学的头脑中。你只要拿起一本教科书，要求学生死记硬背，教学便没有问题。于是，学生学会了如何解二次方程。但是，教会学生解二次方程的意义是什么？这个问题有一个传统答案。它是这样讲的：心智是一台机器，工欲善其事，必先利其器；掌握解二次方程的能力正是磨砺头脑的一部分。这个答案包含着恰好足以使其经久不衰的真理。尽管它包含着部分真理，但它却犯了一个根本性的错误，这个错误对扼杀现代世界的天才负有重大责任。我不知道第一个将心智比作无生命机器的人是谁。据我所知，提出者可能是希腊七贤，或者某个希腊贤人组成的全体委员会。不管源头是谁，它无疑得到了历代杰出人士的赞同，从而获得了权威地位。但不管它的权威有多大，不管赞同它的人地位有多高，我都要毫不犹豫地批判它，它是有史以来教育理论中最致命、最错误、最危险的观念之一。心智从来不是被动的，而是永远在活动，它是敏感的，会接纳外物，也会对刺激做出反应。你不能先把生活磨锋利，然后再去过生活。不管学生对你教授的主题有什么兴趣，你都必须此刻就唤起它；不管你要增强学生的什么能力，你都必须此刻就运用它；不管你的教学活动应该给学生带来什么样的可能性，你都必须此刻就展示它。这是教育的黄金法则，也是一条极难遵循的规则。

难处在于：任何形式的言辞，无论调整得多么准确，都不能唤起对一般性观念的领悟、头脑的思维习惯，还有内心成就的乐趣。凡是有实践经验的教师都知道，教育是一个需要耐心地掌握细节的过程，日复一日，时复一时，分复一分。学习没有捷径，不能用妙笔生花的几句话来概括。有一句谚语说的是，见森林之所以难，是因为见树木难。这正是我想要阐述的难点。教育的难题就是让学生通过见树木而见森林。

我主张的解决办法是消除科目间致命的隔绝，这种隔绝扼杀了现代学校课程的生命力。教育只有一个课题，那就是充分展现多彩的生命。我们教给孩子的不是生命这个统一体，而是——代数，然后就没了；几何，然后就没了；历史，然后就没了；两门语言，哪一门都没有精通；最后，也是最乏味的文学，课文是莎士比亚戏剧，辅以词句注释和简短的情节人物分析，本质上就是要背。这么一张课程表怎么能说是呈现了生命，我们正在生活着的生命呢？它最多只能说是一份让神在脑子里迅速过一遍的目录，神正在考虑创造一个世界，但还没有决定如何组合搭配。

现在我们回到二次方程的话题。这个悬而未决的问题还在我们手上——为什么应该教孩子解二次方程？除非二次方程能放进一套融贯的课程中，否则我们当然没有任何理由去教它。此外，尽管数学应该在完整的文化中占据重要地位，但我还是有一点疑虑，对不同类型的学生来说，代数学中二次方程的解法会不会属于专门数学的范畴？我这里要提醒你，专业化是理想教育的必要组成部分，而我还没有讲到专业化的心理或内容。但那只是逃避真问题的遁词，我这里之所以提出来，只是为了避免我在回答过程中遭到误解。

二次方程是代数的一部分，而代数是人们创造出来的思维工具，用途是澄清世界中定量的方面。这是无可逃避的。世界自始至终都充斥着数量。讲道理就是讲数量。说一个国家大是没有用的——有多大？说镭元素稀少是没有用的——有多稀少？你躲不开数量。你可以逃进诗歌和音乐里，结果还是会在韵律和八度中面对数和量。鄙夷定量理论的文人雅士是不健全的。他们更应该被怜悯，而非被斥责。他们上学时归在"代数"名下的零散废话倒是值得被轻蔑。

代数就这样堕落成了修辞和字面意义上的废话，这是一个可悲的例证，表明如果不明确想要在儿童头脑中唤起何种属性的话，那么改革课纲是不会有用的。几年前有人疾呼中小学代数课程需要改革，但一个普遍共识是图表能够解决一切问题。于是有种种内容被删除，而加入了图表。就我看到的情况而言，这些做法没有指导思想，只有图表。现在，每一张试卷都有一两道图表题。我本人是热烈支持图表的，但我怀疑目前这样做取得了多少成绩。除非你能成功说明普通教育课纲与一切智力或情绪感知的某种本质属性有关，否则任何课纲都不可能有生命力。话说得不好听，却是大实话；我认为没有更简单的办法。事物的本性会挫败这些形式上的微调。你的对家手法太精妙了，小球肯定不会在你选的碗下面。

改革必须从另一端入手。首先，你必须决定世界中哪些定量的方面足够简单，可以加入通识教育；接下来是制定课纲，它应该能够在这些应用中找到自身的例证。我们不必担心琐碎的图表，只要我们开始将代数当作一种研究世界的严肃手段，图表自会多的是。一些最简单的应用，就在最简单的社会研究中出现的数量上。干巴巴的历史课大半是罗列人名、地名和日期，而历史的曲线要比那更生动，信息量更大。罗列不出名的国王和王后能实现什么目的？汤姆、迪克、哈利，他们全都逝世了。大招亡魂的做法是有问题的，宜晚不宜早。现代社会中各种力量的数量流动可以用很简单的方式来呈现。与此同时，变量、函数、变化率、方程及其解法、消元法等定义都是被当作一门独立的抽象科学进行研究的。我在这里好像暗示要用那种大词，在教学中当然不能这样做，而要反复讲解适于教学的简单具体例子。

如果遵循这条路线，那么从乔叟[1]到黑死病、从黑死病到现代劳工问题就连成一线，将中世纪朝圣故事与抽象的代数学联系起来，两者都展现了同一个主题的多个方面，那个主题就是生活。我知道你们大多数人正在想什么。你们不会选择我勾勒的这条具体路线，甚至不知道这样做如何能够成功。我同意。我并非宣称我自己能做到。但你们提出的反对，恰恰是统一外部考试对教育有致命影响的原因。若要成功展现知识的应用，这个过程本质上依赖于学生的品质与教师的才能。当然，我略过了我们大多数人更熟悉的最简单的应用。我指的是涉及数量的科学，比如力学、物理学等。

从同样的关系出发，我们将各种社会现象的统计项与时间画在同一张图上，然后选择两个适当的统计项，再把对应的时间消去。我们可以思考这在多大程度上展现了真实的因果关系，又在多大程度上只是时间上的巧合。我们注意到，我们可以将一个国家的一个统计项和另一个国家的另一个统计项放到同一张图上，那么只要选择适当的主题，就能得到肯定是仅仅呈现了巧合的统计图。也有一些图明显呈现的是因果关系。我们要考虑如何区分两者。这个话题先讲到这里。

---

[1] 杰弗雷·乔叟（Geoffrey Chaucer，约 1343—1400），英国诗人，被誉为"英国诗歌之父"。主要作品有诗体小说集《坎特伯雷故事集》。——编者注

但在思考这段论述时，请大家务必牢记我之前坚持的主张。首先，没有哪一套思路能适合所有儿童群体。比方说，工匠气质的孩子应该会想要比我在这里讲的内容更具体，某种意义上也更直接的东西。我可能是错的，但我猜应该是这样。其次，我并不是在构思一堂漂亮的课，以一劳永逸地激发全班同学的兴趣。教育不是这样开展的。学生要一直努力解算例题，画图表，做实验，直到透彻掌握整个学科。我描述的是穿插在课堂中的解释，是适当的思维导引。我们一定要让学生觉得他们在做研究，而不仅仅是表演智力的小步舞。

最后，如果你教学生是为了参加统一考试，那么合理教学的问题就要复杂多了。你可曾注意到诺曼拱周围的那一圈弯弯曲曲的装饰纹路？古代的作品十分美，而现代的作品却很丑。原因在于，现代诺曼拱规格精准，而古代作品则匠心独具，这里紧密一点，那边舒展一些。应试教育的本质就是赋予课纲的每个部分以同等的权重。但人类天生各有专长。一个人能纵览整个学科，另一个人却只能找到几个孤例。我知道，要在一套专门为通识教育设计的课程中加入专门教育，这看上去是自相矛盾。没有矛盾的世界会更简单，可能也会更无聊。但我敢肯定，排除专门化的教育一定会毁灭生活。

我们现在来到了普通数学教育的另一个大分支：几何。同样的原理也适用于几何。理论部分应该清晰、严格、简短且重要。凡是对呈现观念核心不是绝对必要的命题，全都应该砍掉，但意义重大的基本思想应该完整保留。相似和比例之类的概念不能省去。我们必须记住，由于几何学有图形辅助，所以是演绎推理能力的无与伦比的锻炼方式。接下来当然就是锻炼手眼的几何作图。

但与代数一样，几何学与几何作图必须延伸到单纯的几何学观念之外。在工业区，车间机械实践活动就是一种适当的拓展。比如，伦敦理工学院就在这方面取得了显著成绩。对许多中学来说，我认为测绘和地图是天然的实践应用，尤其是平板仪测量，它应该能让学生生动地感受到几何学真理在身边的应用。只要有简单的画图工具、测链再加上罗盘，学生应该就能从测绘度量一个地块提升到绘制一小片区域的地图。最好的教育是用最简单的工具获得最大量的信息。我极不赞同为学生提供精密仪器。绘制一小片区域的地图，考察区域内的道路、等高线、地质条件、气候以及与其他区域的关系，还有这些因素如何影响当地居民，这比学习珀金·沃贝克或白令海峡更能让学生学到历史和地理知识。我指的不是笼统含混的一门课，而是严肃的探究活动，在准确理论知识的协助下确定真正的事实。一道典型的数学题应该是：测量某一地块，绘制规定比例的平面图，并确定地块的面积。这是一种不需要做几何证明就能教授必备几何命题的良好方式。然后在同一个学期，几何证明的学习与实地测绘应当同步开展。

幸运的是，专科教学的问题比通识教养还是要简单些。原因是多方面的。一个原因是，需要遵守的许多程序性原则在这两种情况下是相同的，因此无须赘述。另一个原因是，专科教学是——或者说，应该是——放在高年级进行的，高年级学生教起来比较容易。但毫无疑问，首要原因是专门学习通常是学生的个人兴趣。他研究是出于某种原因，他有了解的欲望。这就天差地别了。通识教育是为了训练思维的活动，而专门课程是头脑活动的运用。但过分强调这种截然对立是不对的。我们已经看到，学生在普通教育中会形成对专门问题的兴趣；同样地，在专门学习中，学科的外部联系也会将思想内收。

另外，并不存在一条学习之路只提供通识教养，而另一条只提供专门知识。通识教养的科目是专门研究的专门学科；另一方面，激发普遍思维活动的方式之一就是钻研专门学问。学习的外壳没有缝隙，无法割裂。教育必须传授的是一种对观念的力量、观念的美、观念的结构的深刻认识，以及一个特殊的知识集合，它与知识拥有者的生命有着特殊的联系。

有教养的头脑中有一面是只有在专门研究的影响下才能成长起来的，那就是领悟观念的结构。我指的是全局洞察力，能够发现一组观念对另一组观念的影响。只有专门研究才能让学生领会一般性观念的确切构成、观念构成时的相互关系、观念对理解生命的作用。一个这样训练出来的头脑在抽象和具体两方面应该都会更强。它接受了理解抽象思想和分析具体事实的训练。

最后，我们还应该培养所有精神品质中最简约的一种：我指的是品位。这是一种审美意识，其基础是仰慕直接达成预期效果，简洁而不浪费。艺术品位、文学品位、科学品位、逻辑品位、实操品位，本质上都是同样的审美能力，也就是达成与克制。对科目本身，为了科目本身的爱——不是在内心的后甲板上踱步，昏昏欲睡的那种愉悦——就是体现在学习中的对品位的爱。

在这里，我们又回到了起点，教育的功用。最精微意义上的品位是受过教育的头脑最后掌握的东西，也是最有用的一样东西。它弥漫在整个人的身上。有品位的管理者痛恨浪费；有品位的工程师节约材料；有品位的工匠偏爱佳作。品位是心智的终极道德。

但在品位之上，在知识之上还有某种东西，某种朦胧的形状，就像高于希腊众神的命运一样。那就是力量。品位是对力量的塑造，对力量的约束。但归根结底，达成欲求目标的力量才是根本。先让目标实现再说。别管什么品位了，去解决问题，去向人证成神的道路，去管辖你的省份，或者去做摆在你面前的其他事情。

那么，品位对我们有什么帮助呢？有了品位，达成目标时就不会旁逸斜出，不会造成恶劣的麻烦。有了品位，你会达成你的目标，而非其他目标。有了品位，你就能够计算自己的活动会造成什么影响，先见之明是众神赠予人类的最后一件礼物。有了品位，你的力量会增强，因为你不会为无关事项分散精力，你达成自身目标的可能性也会提高。品位是属于专家的特权。谁听说过业余画家的品位，或者业余诗人的品位？品位永远是专门研究的产物，是专门化对教养的特殊贡献。

当下英国教育的弊端是缺乏明确目标，而且用一套外在体制扼杀了生命力。在这篇文章中，我前面一直在考虑那些应当统辖教育的目的。就此而论，英国在两种观点之间停滞不前，在培养爱好者还是专家之间举棋不定。19世纪在世界上有一个显著的变化，那就是知识增长带来了预见力。爱好者本质上有领悟力，而且在某个特定领域见多识广，但欠缺来自专门知识的预见力。本文旨在提示如何既能培养出专家，又不丧失爱好者的重要优点。英国中学教育体制是在该放松的地方刻板，在该严格的地方懈怠。每所学校都必须训练学生接受少数几次特定的考试，否则就有倒闭的风险。一所学校的机遇是由职工、环境、生源和禀赋造就的，而校长根本没有自由去按照这些机遇来发展本校的普通教育或专门教育。我认为，以考察个体学生为主要目标的外部考试制度不会有任何成果，只会造成教育资源浪费。

首先，应该接受考察的不是学生，而是学校。每所学校都应该按照自己的课程设置来颁发毕业证书。学校的教学水准应当接受抽查和整改。但教育改革的先决条件，就是学校应当自成一体，审批通过的课程设置应基于学校自身的需求，由本校教工发展形成。如果不能保证这一点，我们就只会从一种形式主义落入另一种形式主义，从一个呆滞思想的垃圾堆摔进另一个垃圾堆。

我主张在任何保障效率的全民教育体系中，真正的教育单元都应该是学校；同时，我也构思出了另一种体系，那就是针对个体学生的外部考试制度。但是，每个斯库拉女妖[①]都要面对她的卡律布狄斯[②]——或者换一种更通俗的说法，路的两边都是沟。如果我们落入这样的主管部门之手，教育也会受到同样致命的影响：主管部门认为可以将所有学校分成两或三个刻板的类别，每一类都必须采用一套刻板的课程设置。我说学校是教育单元就是字面意思：没有大于学校的单元，也没有小于学校的单元。每所学校都必须具有结合其具体状况考量的权利。为了某种目标给学校分类是必要的，但不应该容忍完全刻板的、不经本校教工修订的课程设置。经过适当的调整后，同样的原则也适用于大学和技术学院。

教育一国的年轻人是一个重大的课题，而浅薄呆滞的教育方式导致了绝望的生活、破灭的希望、国家的凋敝。当我们广泛长远地考察这个问题时，很难抑制住心中的熊熊怒火。现代世界有一条绝对的法则，不重视智识训练的民族必将灭亡。英雄主义也好，社交场上的魅力也好，机智也好，陆战或海战的胜利也好，全都不能拨回命运的指针。今天，

---

① 斯库拉（Scylla，来自希腊语动词"撕碎、扯破"），是希腊神话中吞吃水手的女海妖。——编者注

② 卡律布狄斯（Kharybdis/Charybdis，"吞咽"之意），是希腊神话中坐落在女海妖斯库拉隔壁的大漩涡怪，会吞噬所有经过的东西。——编者注

我们能保持着自己的地位；到了明天，科学会更进一步，届时对未受教育者的宣判可就无处上诉了。

我们满意于一个对教育理想的古老概括，它自从人类文明发展开始就活跃于每一个时代，那就是教育的本质在于它具有宗教性。

神啊，什么是宗教性的教育？

宗教性的教育是灌输责任与敬畏的教育。责任来自我们对事态进程的潜在掌控力。在知识可得且本来能够带来改变的情况下，无知就是罪恶。敬畏的基础是这样一种感知：当下自身就蕴含着过去与未来存在的总和，蕴含着时间的全部，也就是永恒。

第二章　教育的节奏

我所说的教育节奏，指的是一种特定的原理。凡是受过教育的人，都会熟悉该原理的实际运用。而我又想起，我面对的听众是英国最优秀的教育界人士，因此我预计我要讲的内容对你们并无新意。但我认为，这种原理尚未得到充分的讨论，理应指导其应用的种种因素也没有得到完全的考察。

首先，我要给我所说的"教育的节奏"做一个最简单直白的说明，直白到一目了然的程度。这条原理只不过是说——学生应当在智力发育达到适当阶段的时机，渐次学习不同的科目，采取不同的学习模式。你会和我一样认为这是老生常谈，尽人皆知，无人质疑。我确实急于强调我的发言宗旨是显而易见的。一个原因是，听众肯定靠自己就能得出这个原理。但我之所以将其选作发言的题目，其实还有另外一个原因：我认为，人们在教育实践中处理这个显而易见的原理时，并没有对学生心理给予应有的关注。

幼儿期的任务

我首先要质疑一些原则是否恰当，我们的学科往往正是按照这些原则来分类的。我的意思是，除非我们对这些原则采取一种形同消解的理解，否则便不能认可其正确性。首先来看难度这条标准。先易后难，这是不对的。恰恰相反，有一些最难的内容必须最先学，这既是其本质使然，也是其对生活的重要性使然。幼儿面对的头一项要运用智力的任务就是学说话。建立意义与声音之间的关联，这一听就好难啊！这件事需要分析思想，还需要分析发音。我们都知道幼儿做到了，这项奇迹般的成就也是可以解释的。奇迹本都是如此，然而在智者看来，奇迹依然是奇迹。我的要求只是：既然有这个例子摆在面前，难课后学这种无稽之谈，可以休矣。

幼儿教育的下一个科目是什么？是学写字，也就是建立声音与字形之间的关联。老天爷啊！我们的教育界人士都疯了吗？竟然派 6 岁的孩子、牙牙学语的小不点去完成这项会让笔耕一生的贤哲都畏惧的任务。同理，数学里最艰深的学问是代数原理，却偏偏一定要先学它，然后才学相对简单的微分学。

我不会再详细阐述我的论点了，这里只是复述一遍：教育活动好比一座迷宫，一味推后难学的内容并非走出迷宫的可靠线索。

另一种编排科目顺序的原则是先学必要的知识。这条原则显然比较扎实。学生识字前不可能读《哈姆雷特》；分数肯定要放在整数后面教。但即便是这条扎实的原则也经不起推敲。它当然是正确的，前提是我们对"学科"这个概念施加人为的限制。这条原则的危险在于，人们赞同它的时候，采取的是一种几乎必然正确的理解；但应用它的时候，采取的是一种错误的理解。你在识字前不能读《荷马史诗》的文本；但许多孩子——过去还有许多成年人——都曾在母亲或吟游诗人的口语帮助下，与奥德修斯一起扬帆远航，越过冒险的海洋。那些有组织才能的愚钝之人，不加批判地将适用于一部分学科的先修要求原则施加于其他学科，结果就是造成了教育界的撒哈拉沙漠。

智力发展的各个阶段

　　我之所以将"教育的节奏"选作发言的题目，是来自另一条对当下观念的批判。学生的进步常常被视为匀速稳步推进的过程，没有种类之分，也没有快慢之别。比方说，人们可能认为男孩子要在 10 岁开始学拉丁文，然后水平匀速稳步提高，在 18 岁或 20 岁时成为一名古典学者。我认为，这种教育观念是基于一种对智力发展过程的错误的心理学认识，它已经严重妨碍了教学方法发挥效力。人生本质上是分阶段的。一天有阶段，工作与娱乐、活动与睡眠交替；季度也有阶段，规定了学期和假期；此外，还有以年为单位的明显阶段。有一些阶段重大且明显，谁都不会无视。智力发展的阶段要更加细微，周而复始。尽管我们在每个周期里都会有变化，但每个周期里都会出现同样的各个阶段。正因如此，我才选择了"节奏"这个词，实质意思就是在一个重复的框架内轮转变化。教育刻板无效的一个主要原因，就是不注意智力发展的节奏和特性。我认同黑格尔将发展过程分为"正题、反题、合题"三个阶段的观点；不过，如果在教育理论中应用他的观点，我觉得他给出的名字难以引发恰当的联想。在智力发展方面，我会分别称之为浪漫阶段、精确阶段、融贯阶段。

浪漫阶段

浪漫阶段是开始领悟的阶段。这个阶段的题材生动而新奇；它自身就蕴含着尚未探索的关联和半遮半露的可能性，一边是初窥门径的学生，另一边是浩如烟海的材料。在这个阶段，知识不受体系秩序的支配。这种体系必然是为特定目的而分散建立起来的。我们面对的是直截了当的事实，偶尔才会对事实进行系统剖析。浪漫情怀本质上是一种转变后的兴奋情绪，原本只知道单纯的事实，接着第一次明白了事实中蕴含的尚未探索的关联。例如，鲁滨孙不过是一个人，沙子不过是沙子，脚印不过是脚印，岛不过是岛，欧洲则是一个忙碌的人类世界。但我们又突然感知到鲁滨孙与沙子、脚印、远离欧洲的孤岛之间半遮半露的可能性，这就是浪漫。为了彻底讲清楚我的意思，我不得不采用了一个极端的示例。但请将它理解成一则寓言，它代表着智力发展周期的第一个阶段。教育本质上必然是编排本来就在头脑中发酵翻腾的思想：你不能在真空中教育头脑。我们的教育观倾向于将这项工作局限于周期的第二个阶段，也就是精确阶段。但如果对我们的任务施加这样的限制，那必然会导致我们误解整个问题。我们对思想发酵、追求精确和后续的开花结果同样关切。

精确阶段

精确阶段也代表着知识的增加。在这个阶段，广泛联系从属于精确表述。这是语法的阶段，包括语言的语法，也包括科学的语法。它要求学生循序渐进地接纳一种分析事实的特定方式。新事实会加入，不过是符合分析的事实。

如果没有前一个浪漫阶段，精确阶段肯定就是空洞的：除非学生已经模糊领悟到了事实的广泛普遍联系，否则前面讲的分析便毫无意义，而只会是一系列关于干瘪事实的无意义陈述，不仅人为痕迹生硬，而且没有任何进一步的关联。我要再说一遍：在这个阶段，我们不能仅仅停留在来自浪漫阶段的事实上。浪漫阶段的事实揭示了观念可能具备的宽泛意义，而在精确阶段，我们有序系统地获得了其他事实，既揭示了浪漫阶段的一般性主题，也对主题进行了分析。

融贯阶段

最后一个阶段"融贯"就是黑格尔所说的"合题"。它是带着新增的观念分类与相关技巧,重新回到浪漫阶段。它是精确训练所追求的开花结果。它是最终的成功。我前面恐怕是在枯燥地分析显而易见的观念,但这是必要之举,因为后续论述中我预设我们在头脑中已经清楚上述三段论的本质属性。

周期循环

教育应该是这样一种循环往复的周期。每堂课都应该构成一个小周期,引发下一级的过程。更长的周期则应该取得明确的成绩,为新周期打下起点。我们应该摒弃一种观念,那就是教育的目的神秘而遥远。学生必须能持续感受到成果,然后再次整装出发——前提是,教师能够按照自己满足学生各阶段求知欲的程度,来精准地激发学生的兴趣。

幼儿的第一个浪漫阶段,是他开始理解客体并领会课题间的联系。幼儿智力发展的外在表现是执着于协调自身感知与身体活动。幼儿的第一个精确阶段是掌握口语，以口语为工具来区分对客体的思考，增强对自身与外物情感联系的领会。幼儿的第一个融贯阶段是运用语言来欣赏分门别类、更加丰富的客体。

这是第一个智力发展周期，从感知形成到语言习得，再从语言习得到分类思考与更敏锐的感知，它需要得到更细致的研究。这是唯一一个能观察其纯自然状态的智力发展周期。之后的周期必然要染上当下教育模式的色彩。后续教育中往往缺少了这个周期的一个特点，实在可悲；我指的是，这个周期达到了完全的成功。到了周期的末尾，儿童能够说话了，儿童的观念确实有界分了，儿童的感知也确实更敏锐了。周期实现了自身的目标。施加于大多数学生的大多数教育体系远远做不到这一点。但为什么会这样呢？如果我们回想新生儿面前的任务有多么难，那么他取得智力发展的前景当然是再暗淡不过了。我认为原因是幼儿身边的自然环境为幼儿设定了一项完全符合大脑正常发育过程的任务。我并不认为儿童学会说话从而能更好地思考这一事实有什么特别神秘的地方，但这确实为我们提供了反思的资料。

在后续教育中，我们并不追求在有限时间内进行，并在有限范围内取得完全成功的周期性过程。这种完全性是幼儿自然周期的一个突出特征。接下来，我们会让儿童在 10 岁开始学习某个科目，比如拉丁文，并希望通过统一的正规学习，让孩子在 20 岁时达到成功。结果自然是失败，不仅败坏了兴趣，也没学到东西。我讲的失败，是与第一个自然周期的辉煌成功对比而言的。我并不认为这是因为我们设定的任务内在难度过高；我回想起幼儿周期的任务才是最难的任务。失败的原因在于，我们设定任务的方式是不自然的，没有节奏，没有阶段性成果的刺激，也缺乏专注。

我还没有讲到专注，这个特点与幼儿智力发展有着显著的关联。幼儿全身心投入周期中，任何事都不能让幼儿脱离智力发展。就此而论，这个自然周期与学生的后续发展历程之间形成了惊人的对比。显然，生活是多姿多彩的，人们的心智和大脑也自然要发展，以便适应我们已经身处的多彩世界。尽管如此，考虑到这一点，我们在后续每一个周期中都保持一定程度的专注是明智之举。我们应当尤其注意避免在周期的同一个阶段出现多门学科竞争注意力的情况。旧式教育的弊病是不讲究节奏，只专注于一门笼统的、不分类的学问。而现代教育执着于初级普通教育，容许人们将知识分解为不同学科，这同样是不讲究节奏，只是让人分神的碎片化信息集合。我呼吁，我们应该将教学的各个要素协调起来，建立次级周期，以便每个周期的内在价值都能让学生立即领会，从而在学生头脑中编织出和谐的图案，如同我们必须按季节收割庄稼。

青春期的浪漫阶段

现在，我们来看我前面阐述的观念的一些具体应用。

第一个周期是幼儿期，接下来是青春期，开场就是我们会经历的最显著的浪漫阶段。这是性格塑造的阶段。儿童在经历青春期浪漫阶段后成为一个怎样的人，他日后的生活就会受到怎样的理想塑造，会怎样被想象力染上色彩。这个阶段紧跟着儿童掌握口语和书面语习得的综合能力后而来。属于幼儿周期的融贯阶段相对较短，因为幼儿在浪漫阶段获得的素材太少了。就"知识"这个词的成熟意义而言，人其实要到第一个周期完成后才开始获得关于世界的知识，从而开启伟大的浪漫岁月。观念、事实、关系、故事、历史、可能性，还有文字、声音、形式、色彩的技巧，它们涌入儿童的生活，搅动他的情感，激发他的领悟力，鼓励他参加同类活动。这个黄金年华往往要蒙上填鸭教育的阴影，想来就令人难过。我讲的是儿童生活中的四年左右的时光，正常情况下是 8 岁到 12 岁或 13 岁之间。这是儿童人生中第一个运用母语、运用完善的观察力和操作力的重大时期。婴儿没有操作能力，儿童有；婴儿没有观察能力，儿童有；婴儿不能通过回忆词语来保持思想，儿童能。因此，儿童进入了一个崭新的世界。

当然，在这个大的浪漫阶段内还会有起伏的小周期，小周期内会反复出现精确阶段，这样，精确阶段就会拉长。完善写作、拼写、基础算术，还有英国历代君主之类的简单事实列表，这些都是精确成分，对锻炼专注力和掌握实用技能都是非常必要的。然而，这些成分本质上是零散的，不可估量的浪漫阶段才是将儿童推向精神世界的洪流。

蒙台梭利教学法之所以成功，是因为它承认浪漫在这个发展阶段的主导作用。如果这个解释成立的话，它也指出了这种教学法的效用局限性。在一定程度上，蒙台梭利教学法是每个浪漫阶段的要义，其本质是观其大略，鼓励生动的新鲜事物。但是，它欠缺对精确阶段必不可少的约束。

掌握语言

随着孩子临近浪漫阶段的结尾，在发展周期性的推动下，他会倾向偏爱确切的知识。现在，语言自然是孩子集中火力进攻的主题。这是他完全熟悉的表达模式。他了解了展示其他民族与文明生活的故事、历史和诗歌。于是，从11岁开始，儿童会逐渐专注于精确掌握语言。最后，从12岁到15岁这三年的主导活动应该是对语言发起大举进攻，如此明确的计划便能取得确切的结果，就其本身来说，这个结果是值得的。我认为，在这个时间范围内，如果孩子有足够的专注力，我们可以要求他在这个阶段结束时熟练掌握英文，能流利地阅读简单的法文，并完成拉丁语的入门学习。我指的是，儿童应准确知晓拉丁文语法中相对直白的部分，能够用拉丁文造句，并阅读合适的拉丁文作品选段，文字上或许可以做简化，大部分文本配上最优秀的直译；如此一来，通过阅读原文和译文，学生就能从整体上把握书本。我认为，这三门语言达到上述水平是在普通儿童能力范围内的，前提是没有其他几门学科也提出精确要求，从而让他分心。一些天赋更好的孩子还可以走得更远。他们觉得拉丁文简单，所以在这个阶段末尾就可以开始学希腊文了。我们一定要保证这些孩子爱好文学，而且之后至少打算继续学习几年。其他学科在课程表上占据次要地位，学习的态度也有所不同。首先，我们必须记住，历史等文科科目的学习主要是在语言学习中完成的。阅读英文、法文和拉丁文文学作品必然会传授学生一定的欧洲历史知识。我的意思不是说应该完全放弃专门的历史课。但我的建议是，讲授历史课时应该采用我所说的"浪漫"态度，而不应该考查学生能否成体系地准确记忆大量历史细节。

在这个发展期，科学应该处于浪漫阶段。学生应该自己观察，自己做实验，仅有零散的精确概念。不论是出于理论兴趣还是技术目的，科学之所以重要，本质在于现实具体应用，而每一个这种应用都会引发一个新的研究课题。于是，所有科学教育都应该以研究活动，以及把握自然中发生的研究对象为出发点和落脚点。至于到底哪一种教学形式适合这个年纪，到底实验应设置何种界限，那要取决于经验。但我要呼吁的是，这是真正属于科学浪漫的年纪。

专注科学

快到 15 岁时，语言的精确阶段和科学的浪漫阶段就要结束了，接下来是语言融贯、科学精确的时期。这个阶段应该不长，却至关重要。我觉得这个阶段的学习大约需要一年的时间，我还要提出一点，先前课程的比例会发生决定性的改变。这个阶段应该专注科学，大大减少语言学习。通过在先前浪漫阶段学习的基础上攻读一年科学，所有人应该就都能理解力学、物理学、化学、代数和几何学的主要原理了。我们要明白，学生不是刚开始接触这些科目，而是借助对各科核心观念的准确表述，将之前漫游式学习的成果整合起来。就拿代数和几何这两门我略有了解的学科为例吧。过去三年里，学生是将最简单的代数公式和几何命题应用于测绘问题，或者其他涉及计算的科学题目。这样一来，通过坚持得出明确的数字结果，学生的算术水平会得到加强，同时也会熟悉字母公式和几何性质的概念；学生还会学会一些简单的操作方法。因此，学生没有多少时间会浪费在熟悉科学概念上。学生已经为他们应该彻底掌握的少量代数几何真理做好了准备。此外，前一个阶段里会有一些男生表现出偏爱数学，会往前多学一点，而且在最后一年可能会强化数学学习，弱化其他一些科目。我这里只是将数学作为示例。

同时，语言周期进入了融贯阶段。在这个阶段，语法和作文这种精确学习停止了，语言学习仅限于阅读文学作品，重点关注文本的思想和历史背景；分配给历史的时间也会转向断代史的精确学习，目的是阐述在某个重要的时期到底发生了什么事，并表明如何对历史人物和政策做出比较简单的评判。

现在，我已经简要概述了从婴儿期到大约 16 岁半的教育过程，编排上注重人生的节奏。通过这种方式开展通识教育是可行的，学生可以感受到专注和新知的好处。于是，精确学习总是会呈现学生已经领会、渴望刨根问底的主题。每名学生都会依次专注于多个不同的学科，知道自己的强项是什么。最后——在我心里，这是所有要达到的目标中最宝贵的一个——理科生既接受了无比宝贵的文学教育，又在可塑性最强的年纪初步养成了在科学领域独立思考的习惯。

过了 16 岁，新问题出现了。对文科生来说，理科学习进入了融贯阶段，主要是介绍主要科学成果和一般概念的讲座。语言、文学和历史学习的新周期开始了。但进一步的细节就无须赘述了。对理科生来说，前面所说的精确阶段会持续到中学结束，学生会在更广阔的范围内加深对一般概念的理解。

然而，这一教育阶段的问题是太个体化了，至少是区分出来的情况太多，无法开展普遍一般性的教学。但我还是建议，所有理科生都应该继续学习法语，而且如果尚未掌握德语的话，也要开始学习德语了。

大学教育

大家请稍加忍耐，我现在要讨论如何将上述观念运用于大学教育了。

从幼儿期到成年的整个发展过程构成了一个大周期。前12年都是浪漫阶段，精确阶段涵盖了整个中学阶段，融贯阶段是成年过渡期。对接受中学以上正规教育的人来说，大学或其他高等教育机构是一个大融贯期。融贯精神应当是大学生活的主流。大学课程应该面向已经熟悉具体细节和流程的学生，换句话说，这些具体内容契合学生之前接受的训练，学生能够轻松掌握。在中小学阶段，学生是伏案用功的心态；到了大学，他应该起身环顾四周了。因此，如果大学一年级的时光被浪费在用旧心态复习旧功课，那可就要命了。在中小学，学生努力抬头仰望，从个别事物提升到一般观念；到了大学，他应该从一般观念入手，研究观念的具体应用。设计优良的大学课程是对一般观念的广泛研究。我的意思是说研究不能脱离具体事实，我认为，研究具体事实应该是为了阐明一般概念。

培养智力

在大学教育的这个方面，理论兴趣与实际功用是重合的。不论你灌输给学生什么细节知识，他在日后生活中恰好遇到这条知识的机会都微乎其微；而且就算他遇到了，他也很可能早已忘记了你教他的内容。真正有用的训练是让学生领会寥寥几条一般性原理，为各种具体应用打下扎实的基础。日后工作时，学生会忘记你教的具体细节；但他们会记得如何将原理应用到眼前状况，那已经是一种无意识的常识了。在你丢掉课本，烧掉课堂笔记，忘掉为了应付考试用心记住的细枝末节之前，你的学识都是无用的。你持续用得上，而且必须掌握细节的知识会留在你的记忆中，就像太阳和月亮这样明显；你偶尔用得上的知识完全可以去查阅参考书。大学的功能是让你放下细节，拥抱原理。我讲到原理时，脑子里想到的甚至不是文字表述。浸润到你整个人里面的原理是一种心理习惯，而不是书面命题。它成了头脑对相应刺激的反应方式，反应采取的形式是提供示例。任何人做事的时候，知识都不会清晰有意识地呈现在他面前。智力培养，只不过是让头脑在受到刺激活跃起来时能够以一种满意的方式运作。人们谈论学习时，往往说得好像我们在望着读过的每一本书，书页全都摊开着，然后在必要的时候，我们就选出正确的一页，对着宇宙大声朗读。

幸好真相远远不是这样不成熟的看法。因此，理论知识与专业技能之间的对立，远没有一种错误教育观让我们以为的那么严重。我可以换一种方式来表达我的观点：与其说大学教育的理想是知识，不如说是能力。大学的职责是将青少年时期的知识转化为成年人的能力。

成长的节奏性

最后，在解读我要表达的意思方面，我还想向大家提出两点告诫。本次发言的主旨是成长的节奏性。人的内在精神生活是一张千丝万缕组成的网，这些丝缕并非以同样的速度生长。我已经试图阐述过这条真理了，方式是考察一名有某方面特长，但其他方面才智平庸的儿童的正常发展过程。也许我误解了这种常见的现象。我做得很可能并不成功，因为证据是复杂困难的。但请不要让这个方面的失败妨碍我在这里要宣扬的主旨。我的主旨是，智力发展表现为一种多个周期相互交织的节奏，整体过程又统摄在一个更大的周期下，大周期和小周期具有相同的总体性质。此外，这种节奏表现出了某些可以确定的、对大多数学生都成立的一般规律，教学属性也应该做相应的调整，以便贴合学生发展节奏的所处阶段。课纲的问题主要不是科目次序，因为所有科目本质上都应该从心智萌芽时就开始教。真正重要的顺序，是教学应当遵循的涉及质量的顺序。

我的第二点告诫是，请你们不要夸大一个周期内三个阶段之间的区别。我强烈怀疑，你们中有许多人在听到我具体讲述每个周期的三个阶段时会自言自语——好一个数学家，划分得这么形式化！我向你们保证，如果我自己曾经犯了我告诫你们不要犯的错误，那也不是因为数学家的弊病，而是因为人文素养的欠缺。当然，我从头到尾讲的都是强调重点、主要性质层面的区别——浪漫阶段、精确阶段、融贯阶段是一直同时存在的。不过，主导因素是会更迭的，正是这种更迭形成了周期。

第三章　自由与训导的节奏

理想褪色是人类事业遭受挫折的悲哀证据。在古代的学园中，哲人致力于传授智慧；在现代的高等院校中，我们的目标要更谦卑，是教授学科。古人志在探讨神圣的智慧，今人则只做到了传授课本知识，这种跌落标志着一种历代延续的教育失败。我并不是说古人的教育实践比我们更成功。你只要读一读卢奇安①的书，留意他对装腔作势、言之凿凿的哲人的夸张讽刺，你就会明白，古人在教育方面并不能夸口胜过我们。我的观点是，在欧洲文明的黎明时代，人们起初

---

① 卢奇安（Lucian，约125—180），古希腊讽刺作家、修辞学家。——编者注

有着理应激励教育的丰满理想，而我们的理想已经下沉了，以便与我们的实践相符。

但当理想下沉到实践的层次时，结果就是停滞。具体来说，只要我们认为智育仅仅是获得机械的心理倾向和现成且有用的真实论述，那就不可能进步；尽管我们会忙忙碌碌，漫无目的地调整课程大纲，徒劳地抵挡不可避免的时间不足。神创造了世界，世界上值得探究的课题之多是任何一个人都不可能完全掌握的，我们必须将此视为一个不可回避的事实。罗列每一个人都应该掌握的科目，这种解决问题的思路是没有希望的。这样的科目太多了，每一门都有充分的存在理由。说到底，素材的繁多或许是一件幸事；正是因为我们对一些重要的真理处于懵懂无知的状态，世界才变得有趣。我迫切想给你们留下深刻印象的观点是，尽管知识是智力教育的一个主要目标，但智育还有另一个要素，它要更模糊，但也更宏大，比学知识更加重要，古人称之为"智慧"。缺乏一定知识基础的人不可能有智慧；你很容易学到知识，却依然没有智慧。

智慧是掌握知识的方式。它涉及把握知识、选择对应的知识来解决相关问题，运用知识为我们的亲身经验增添价值。这种对知识的驾驭力就是智慧，它是我们能够获得的最切身的自由。古人明白用智慧统辖知识的必要性，他们看得比我们明白。但在教育实践领域追求智慧的过程中，古人犯了可悲的错误。简单来说，古代盛行的教育实践假定，就是找来哲学家对着年轻人滔滔不绝就能传授智慧。于是，那个时代的学园里出现了一大批不靠谱的哲学家。通往智慧的唯一道路是有知识的自由。但通往知识的唯一道路是训导，掌握有序的事实。自由和训导是教育的两大要素，因此，我将今天的发言标题定为《自由与训导的节奏》。

如果我们对"自由"和"训导"做逻辑分析，可能会以为这两个词泾渭分明，但在教育领域，两者并非截然对立。学生的头脑是一个发展中的有机体。一方面，它不是一个往里面无情塞入外来观念的箱子；另一方面，有序地获得知识是智力发展的天然养料。据此，设计完善的教育应该追求这样的目标：训导是自由选择的自发结果，自由因训导而获得了丰富的发展机会。自由和训导这两条原则并不是对立的，而应该在儿童的生活中善加调适，以符合个性发展的自然往复摆动。我在其他地方讲过"教育的节奏"，其实就是指这种自由和训导之间的调节应顺应儿童发展过程的自然摇摆。我相信，过去之所以有许多令人失望的挫败，都是因为忽视了这种节奏的重要意义。我的主要立场是，教育的开头和结尾应以自由为主，但在中间的部分，自由要从属于训导。进一步讲，智力发展过程并不是只有一个从自由到训导，再从训导到自由的三重循环周期，而是由多个这样的周期组成的，周期底下又有周期。一个周期就是一个细胞，或者说一块砖；整个成长阶段就是一个个细胞组成的有机结构。在分析任何一个细胞时，我都会将开头的自由期称作"浪漫阶段"，中间的训导期称作"精确阶段"，末尾的自由期称作"融贯阶段"。

现在，我要作更详细的讲解了。没有兴趣，智力就不会发展。若要专注和领悟，兴趣不可或缺。你可以努力用教鞭刺激兴趣，也可以用好玩的活动来引诱。但没有兴趣就不会有进步。快乐是刺激生命实现自我发展的自然方式。对母亲和乳母的爱诱使婴儿适应环境；我们吃饭是因为喜欢美食；我们征服自然，是因为我们被不可满足的好奇心引诱去探索发现；我们喜欢运动；我们还有一种不符合基督教义的激情，那就是痛恨危险的敌人。毫无疑问，疼痛是让生物振作起来的一种次要方式。但它只是获得快乐失败的副产物。愉悦是生命冲动（élan vital）的正常健康驱动力。我并非主张，我们尽可以被追求更多眼前的快乐所引诱，放纵自我。我的意思是，我们应该遵循自然的活动路径来引导人格发展，这条路径本身就会带来快乐。训导是居于从属地位的压抑，其目标只能是获得某种长远的好处；不过，若要保持必要的兴趣的话，目标既要有足够的分量，也绝不能在地平线下方太远（且必须有一个适当的不能过低的目标）。

我还有一个观点要讲。贫乏的知识没有意义，而且事实上是有害的。知识的重要性在于运用，在于我们的主动掌握——也就是说，在于智慧。人们谈起脱离智慧的单纯知识时，惯常以为知识本身就能给知识的占有者带来一种特殊的威严。我并不赞同这种对知识的推崇。一切都取决于掌握知识的人是谁，他拿知识来做什么。能让人格变得高大的知识，是那种得到实际运用、改变一个人亲身经历的方方面面的知识。教育过程中过于严厉的训导之所以有害，正是因为知识的活跃度这个方面。唯有给予充分的自由，学生才能养成积极思考、常思常新的习惯。一刀切的训导会让头脑麻木，从而无法达成自身的目标。如果你接触过大量中学和大学毕业生的话，你很快就会注意到，那些在受教育过程中获取太多死板知识的人头脑是麻木的。英国社会对学习的可鄙论调也促成了教育的失败。进一步讲，操之过急的知识灌输是一种自我挫败的做法。人的头脑会排斥这样灌输的知识。渴望开拓与活跃是年轻人的固有特征，如果用一种枯燥的方式将受束缚的知识强加给他们，他们就会感到厌恶。在时机到来时，训导应当满足学生对智慧的天然渴望，智慧会让单纯的经验变得更加丰富。

人的头脑有天然的渴望，但我们现在要更细致地考察这些渴望的节奏。来到一个新的环境，头脑一开始会在繁多的观念和经验之间漫游。这是一个探索的过程，一个渐渐习惯好奇念头的过程，一个构思问题、寻找答案、规划新体验、留意新旅程中所发生事物的过程。这个普遍过程既是自然发生的，也是全神贯注的。我们肯定常常会注意到 8 岁到 13 岁的儿童沉浸在活跃的思维中。这里的主导因素是惊奇，那些摧毁惊奇的老古板真是可恶。儿童到了这个发展阶段无疑是需要帮助，甚至需要训导的。我们必须认真选择头脑的运行环境。当然，选择环境时必须适应儿童的发展阶段，也必须根据个体需要去调整。在某种意义上，环境是外在强加的；但在更深层的意义上，它回应的是儿童内在的生命呼唤。在教师的意识里，他是让孩子用望远镜看星星；而在孩子的意识里，自己可以饱览天界的光辉。除非教师强加的规范在某处发生这样一道转化——不管转化过程有多模糊，甚至对最蠢笨的孩子也一样，否则孩子的天性就不会吸收这些外来的知识。我们绝不能忘记，教育不是打包杂物。这个比喻完全不适用，教育当然是一种有自身特点的过程，最贴近的比喻是生物消化食物。我们都知道，在适当条件下摄取可口食物对健康是多么必要。你把靴子放进了行李箱，直到你把靴子取出来之前，它都会待在箱子里；但如果你喂给孩子的食物不合适，那可就完全不是一码事了。

这个初始的浪漫阶段需要另一种方式的引导。毕竟，儿童继承了漫长的文明，任由孩子在冰川时代原始人的思维迷宫中漫游是荒谬之举。于是，指出某些重要的事实、经过简化的观念、常见的名词其实会增强儿童的天然冲动。教育的任何一环都不能没有训导，也不能没有自由；但在浪漫阶段，重点必须始终放在自由上，要让孩子自己看，自己做。我的观点是，如果发展中的头脑在走完浪漫阶段之前就被强加了精确的训导，那么观念吸收就必然会受到阻碍。没有浪漫就没有领悟。我坚信，人们过去遭受了许多失败，原因就是没有认真研究浪漫应有的地位。如果没有浪漫冒险，那么你最多能获得缺乏积极性的呆滞知识，而在最坏的情况下，你会轻视观念——连知识都没有。

但如果学生在浪漫阶段得到了恰当的引导，他就会生出另一种渴望。少不更事的新鲜感已经消退；学生对事实和理论有了一般性的知识基础；除此之外，学生还有了大量独立浏览的一手经验，其中包含思想和行动层面的探索。现在，学生能够理解来自精确知识的启迪了。这对应于学生对常识的明显要求，处理的是学生熟悉的素材。现在是时候推一把了，要让学生确切地掌握科目知识，并将科目的显著特征留在记忆中。这就是精确阶段。这是唯一一个遵循中小学和大学传统教育模式的学习阶段。在此阶段，你必须研习科目，除此之外，在教育方面就没什么好说的了。这个必要的发展阶段被过度延长了，后果是一大群书呆子和少数学究造成的，这些学究在经过碾压后还保留着天生的兴趣。确实，教师总会受到一种诱惑，想要教给学生略微超出其吸收能力的事实和精确理论。如果学生能接受的话，这自然是有益的。我们——我指的是中小学校长和大学教授——容易忘记，我们在成人教育中只是次要的因素；我们的学生走出校园后，迟早会独立学习的。我们不能越过特定的狭隘的限度，揠苗助长。但是，不熟练的教育工作者很容易伤害敏感的有机体。不过，尽管我做出了这么多告诫，但勉励奋进也是要有的，要让学生了解基础性的具体知识和主要的确切的一般性结论，还要让学生掌握简单的技艺。我们不能回避一个事实：人类确实发现了知识，而且若要在现代世界正常生活，你就必须充分掌握最好的实践方法。写诗必须学习格律，造桥必须熟悉材料强度。甚至希伯来先知都必须学会写字，在他们那个年代，这大概不是轻而易举的事。不教而成的天才——用《祈祷书》里的话说——是一厢情愿发明出来的虚妄之物。

在精确阶段，浪漫是背景。主导这个阶段的是一个不可逃避的事实：事情是有对错之分的，确切的真理是要了解的。但浪漫没有死去。在将知识准确运用到规定任务的同时，还能培养学生的好奇心，这就是教学的艺术。我们必须培养浪漫是有原因的，归根结底，我们要达成的目标是协调的智慧，而浪漫是智慧的必要成分。但还有另一个原因：除非有浪漫让学生的领悟力保持新鲜，否则任务的成果就无法被学生吸收。真正的重点是在实践中发现自由和训导之间的确切平衡点，这能让学生在学习所需了解的事物时取得最快的进步。我不相信有任何抽象公式能提供适用于各个学科、各类学生或每一名学生个体的信息。事实上，唯一的例外就是我一贯主张的节奏摆动公式，也就是说，学生发展的早期阶段要偏重自由，中期阶段的重点则要放在准确完成具体任务上。我坦白地讲，如果浪漫阶段处置得当的话，那么第二阶段的训导就不用写那么明白了，孩子们会知道如何用功，会想要取得佳绩，具体细节也可以放心托付给学生自己。此外，我还主张唯一具有内在重要性的训导是自律，而自律只有通过广泛运用自由才能达到。然而——教育中有太多需要考虑的微妙因素——我们在生活中必须养成一种习惯，那就是愉快地去做外界施加的任务。这些条件是可以满足的，如果任务符合学生所处发展阶段的自然欲求，能让学生保持全力以赴的状态，能得出显而易见的结果，而且学生在执行方式上有合理的自由选择权的话。

优秀教师如何让浪漫在学生心中保持鲜活，这是一个难以探讨的话题，因为一件很快就做完的事需要很长时间才能描述出来。维吉尔诗篇的优美可以通过美妙的吟诵来呈现，花费的时间并不比平淡的朗读更长。讲解一个数学论证的最快捷方式就是强调它的美，它是如何通盘考虑各种因素，解决了复杂的问题。教师在这个阶段的责任重大。实话说，除非教师身上有罕见的天赋，不然不可能使全班同学在精确方面充分发展，学生的兴趣却没有受到一定程度的削弱。积极性与训练都必不可少，而训练容易扼杀积极性，这是一个不幸的两难困境。

但是，承认这一点并不是纵容对上述不利事实的缓解方法持一种冷酷的无视态度。这种两难并非理论上必然存在的状况，而是因为不可能在每一个个案身上都做到尽善尽美。过去采用的方法是扼杀兴趣；我们希望讨论如何将弊病降到最低限度。我只是要警告诸位，教育是一个难题，不是一个简单的公式就能解决的。

然而，有一个在很大程度上被忽略的现实考量与此相关。浪漫兴趣是一个界定不明的广大领域，不受任何明确边界的约束。它取决于偶然的灵光一闪。但任何普通教育体系中的精确知识领域是可以，也应该明确下来的。如果范围太宽，那就会扼杀学生的兴趣，达不到目的；如果范围太窄，学生又不能有效地掌握知识。在每一类课纲的每一个科目中，要求学生掌握的精确知识点肯定都需要进行最审慎的调查，然后才能确定。然而，目前似乎并没有切实做到这一点。例如，以科学为志向追求的学生——我对此类学生非常感兴趣——在古典课程中具体应该掌握哪些拉丁文词汇？他们应该掌握哪些语法规则和句子结构？为什么不一口气定好这些要求，然后使每一次测验都是为了让学生记住这些知识点，并理解它们在拉丁文以及法文、英文中的衍生现象呢？至于文本阅读过程中出现的其他句子结构和单词，要用最简单的方式提供完整的信息。教育中必须有某些无情的明确要求。我确信，成功教师的秘诀之一就是他在头脑中有一个非常明确的概念，知道学生应该精确掌握哪些知识。于是，他就不会企图要求学生记忆大量次要的无关信息，让学生感到烦心。成功的秘诀是节奏，节奏的秘诀是专注。但就精确知识而言，关键词是节奏，节奏，还是节奏。迅速获得知识，然后投入运用。用起来就能记得住。

现在，我们来到了节奏周期的第三个阶段，融贯阶段。此时会有趋向浪漫的反动。学生已经有了一些确切的知识，养成了悟性，也清楚地领悟了普遍规律法则的文字表述和具体例证。学生现在想要使用自己的新武器。他是一个有力的个体，想要发挥效力。他回到了浪漫阶段的漫游中，而且具备了一个优势：他的头脑不再是一群乌合之众，而是一个纪律严明的团队。在这个意义上，教育应当起于研究，也终于研究。毕竟，教育整体不过是一种预备措施，去迎战生活中的种种经历，用相关的观念和适当的行动来应对每时每刻出现的状况。一开始不激发积极性，到最后不鼓励积极性的教育必然是错误的，因为教育的整体目标就是培养活跃的智慧。

在我自己的大学生涯中，我深感于学生的思维瘫痪状态，这种状态来自盲目积累呆滞且没有用过的精确知识。大学教授的首要目标应该是表现真实的自我——也就是说，表现为一个正在思考的无知者，正在积极运用自己的那一点知识。在某种意义上，知识消而智慧长，因为具体细节被纳入了原理中。在生活中的每一种业余爱好中，你都可以临时学习重要的知识细节；但是，养成习惯去积极运用理解透彻的原理，这才是最终具有了智慧。精确阶段是通过获取精确的知识细节增进对原理的领悟。融贯阶段是放下细节，以便积极运用原理，细节遁入了潜意识习惯中。我们用不着在头脑中明确记住二加二等于四，尽管我们曾经必须用心学会。我们把基础算术交给了习惯。但这个阶段的本质在于，原本相对消极的东西经过训练，变成了积极的自由运用。当然，精确知识在这个阶段也会增加，而且比之前更加活跃了，因为头脑已经体会到了精确的力量，会对一般性真理和丰富例证做出反应。但是，知识增长越发成为一个无意识的过程，是从活跃的思维冒险中衍生出来的偶然结果。

智力发展节奏单元的三个阶段就说这么多。宽泛地讲，上述三阶段节奏支配着整个教育过程。13 岁或 14 岁之前是浪漫阶段，14 岁到 18 岁是精确阶段，18 岁到 22 岁是融贯阶段。但这些只是平均数，反映的是智力发展的整体模式。我认为，没有一个学生能在所有学科上同时完成各个阶段。比方说，我主张当语言学习进入精确阶段，开始掌握词汇和语法时，科学学习还处于完全的浪漫阶段。语言的浪漫阶段是从幼儿学说话开始的，所以能较早迈向精确阶段；科学则是后来才开始学的。于是，向低龄儿童灌输精确科学知识会抹杀他们的积极性和兴趣，让儿童不可能领悟到丰富的科学内容。因此，在语言进入精确学习阶段后的几年里，科学依然应该保持在浪漫阶段。

每天、每周、每个学期都有小周期，每个周期都有三个阶段。一开始是从总体上领会某个话题，模糊了解其中的种种可能性，然后是掌握相关的细节，最后是根据相关知识将整个话题融会贯通。除非通过唤起兴趣、掌握技巧、激发成功的兴奋感来不断维持学习过程，否则学生永远不会有进步，而且肯定会灰心丧气。总体来说，过去30年来，英国中小学向大学输送了一大群沮丧的年轻人，他们都打过了避免思想热情迸发的预防针。大学教育对中小学的做法表示赞同，更凸显了失败。于是，年轻人的活泼兴致转向了其他方面，使英国知识界不欢迎思想。当我们能举出我国学校在课堂，而非操场上取得了某项伟大成就——希望不是战争吧——的时候，我们就能对本国教育模式感到满意了。

到目前为止，我都在讨论智力教育，我的论证基础太过狭窄。毕竟，我们的学生是活人，不能像拼图一样被切成小块。制造机械的能量来自外部，它将一个个单独的部件组装起来。生命体的情况则大不相同，它是在自身冲动的驱使下朝向自我发展。这种冲动可以由外部激励和引导，也可以被扼杀。但就算你再激励、再引导，朝向生长的创造性冲动还是来自内在，而且具有强烈的个体特征。教育是引导个体领会生活的艺术，我所说的"生活的艺术"，指的是多样活动的完全实现，它表达了一个生命体面对真实环境时的种种潜力。这种完全实现涉及一种艺术意识，让不可分割的人格中低级的可能性服从于高级的可能性。这就是生命结构内在的价值观意识，从中会涌现出科学、艺术、宗教和道德伦理。人生的艺术就是这场冒险的引导者。各大文明宗教的本源中蕴含着对道德灌输的反叛，这里说的道德是一组孤立的禁令。消极意义上的道德是宗教的死敌。使徒保罗批判摩西律法，《福音书》激烈抨击法利赛人①。每一次宗教的勃兴都表现出同样的强烈敌意——随着宗教的衰弱，敌意也就减退了。道德教育和宗教教育比任何教育都更能得益于关注儿童发展的节奏法则。不论表述宗教真理的正确方式是什么，固执地过早进入精确阶段都会对宗教有致命影响。宗教精神经过宗教教育的折磨而不死，可见宗教的生命力。

教育中的宗教问题太过宏大，目前我讲到这里还无法讨论。我提到宗教，是为了避免读者产生一种疑虑，那就是本

---

① 法利赛人（Pharisaios），强调保守犹太教传统，主张同外教人严格分离，西方文学中常用来指伪君子。——编者注

文主张的原则应当作狭隘的理解。我们正在分析人生更高阶段中发展节奏的普遍规律，包含最初的觉醒、训导和在更高阶段的成果。我现在坚持认为，发展的原理来自内在：探索是自己开展的，训导是自律，成果也来自自身的积极性。教师有双重功能，一方面要用自己的品格与学生产生共鸣，引发学生学习热情；另一方面要营造学习环境，追求更广阔的知识，更坚实的目标。教师要避免学生荒废学业，在较低级的存在中，荒废是进化的自然方式。终极的推动力是价值感与意义感，这在科学、道德和宗教中都一样。它采取的形式多种多样，有惊奇，有好奇，有崇敬，或者说崇拜，还有融入某种超越自身存在的强烈欲望。这种价值感为生活增添了不可思议的辛苦，如果少了它，生活便退回低等的消极状态中。这股力量最深刻的表现形式是美感，也就是对实现完满的审美感受。想到这里，我不禁要问：现代教育对艺术功能的强调是否充分？

我国典型的公学教育是为出身文雅富裕家庭的男孩设计的。他们要去意大利、希腊和法国游学，而且他们自己的家常常就在风景秀丽之地。对现代国民中小学教育，乃至我国扩大了的公学体系中的大部分男生和女生来说，上述条件都不成立。忽视艺术这样一个在精神生活中如此重要的因素，那必然会有损失。审美情怀为我们提供了对价值的鲜活感悟。如果你砍掉这一块，精神感悟的力量就会整体上减弱。必须关注完整人格的发展，这是在教育中求自由的题中之义。你绝不能任意否决这种迫切的要求。在这个节俭的年代，我们能听到很多关于教育无用、教育内容可以删减的声音。只重视智育必定会造成严重失败，英国的国民学校已经这样做了。我们所做的仅仅是激发学生，而不能满足学生。历史向我们表明，在各民族迈向文明之路时，艺术繁荣是最先出现的活动。然而，面对这个明白的事实，我们却在事实上将大众拒之于艺术门外。这种教育先引发渴望，又挫伤渴望，它会带来失败和不满，那又有什么好奇怪的呢？这一整套做法的愚蠢之处在于，我们本来能够为国民提供朴素通俗的艺术，而不会对资源造成太大的压力。通过某种重大改革，你或许可以消除比较恶劣的繁重劳动，保障就业安全。但你永远都无法显著提高平均收入。在这个方面，一切乌托邦式的希望都对你关上了大门。然而，我们不用费太多力气，就能让学校培养出对音乐有一定爱好、能观赏一定的戏剧、能从形体色彩美中获得快乐的人民。我们还可以提供手段来满足全民终身的审美情怀。如果你考虑最简单的办法，你就会发现，物资压力可以忽略不计；当你完成了这项事业，当人民普遍理解了艺术能够带来什么——有快乐，也有恐怖——你还会觉得当先知、牧师和政治家向人民宣讲神爱世人，宣扬义不容辞的责任，号召爱国主义的时候，这些人会占据优势地位吗？

莎士比亚剧作的受众是在美丽乡村长大的英国人民，那正是中世纪汇入文艺复兴、生活多姿多彩的年代，大洋彼岸的新世界让浪漫的感召变得生动。今天，我们面对的是成长于科学时代、住在拥挤城市里的人民。如果我们不能用新方法来应对新时代，保育我国人民的精神生活，那么，无法实现的渴望迟早会无情地爆发，届时俄国的命运就会成为英国的命运，我对此毫不怀疑。历史学家会写下这样的墓志铭：英国的灭亡源于统治阶级盲目的精神、愚蠢的功利主义，以及像法利赛人一样墨守狭隘刻板的治国之道。

第四章　技术教育及其与科学和文学的关系

　　本次发言的主题是技术教育。我要考察它的本质属性，以及它与人文教育的关系。这样的探究可能有助于我们了解国民技术教育体系成功所需的条件。这在数学教师中间是一个非常热门的问题，因为大多数技术课程都包含数学。

　　如果不先在自己的头脑中构想出希望达成的最高理想，就一头扎进这样的讨论，那是不现实的，不管我们心中希望近期有可能达成的目标有多低。

　　人们忌讳谈理想。于是，我们借一位现代剧作家[①]笔下

---

① 参见萧伯纳的《英国佬的另一个岛》。——原文注

的疯牧师之口，找到了这样一段对人类理想状态的表述："我梦想的天堂是一个国家，里面政权就是教会，教会就是人民，三位一体，一体三位。它是一个共和国，里面工作就是游戏，游戏就是生活，三位一体，一体三位。它是一座大庙宇，里面祭司就是礼拜者，礼拜者就是受礼拜者，三位一体，一体三位。它也是一种神格，里面一切生命都有人性，而一切人都有神性，三位一体，一体三位。总而言之，它是一个疯人的梦想。"

我要请大家注意这段话里的这一句："它是一个共和国，里面工作就是游戏，游戏就是生活。"这就是技术教育的理想。我们把它与实际状况做对照，先看百万劳苦大众，他们疲倦、不满、精神麻木，再来看老板们，他们认为这个理想听起来就不可思议。我这里不是要做社会分析，但我要使你们和我一起承认，社会现状与理想状态相去甚远。进一步讲，我们都会认为，如果老板开工厂的原则是"工作就是游戏"的话，厂子一个礼拜就要完蛋。

在神话和现实中，人类遭受的诅咒都是"必汗流满面才得糊口"。但是，理性和道德直觉在这个诅咒中看到了进步的基础。早期的本笃会的僧侣们在劳作中感到了喜悦，因为他们觉得这样就与耶稣同在。

抛去神学的外衣，内核思想依然成立，那就是工作应当融合思想与道德愿景，从而转变为快乐，克服劳作的疲倦艰辛。我们每个人都会根据各自的观念，用更具体的方式来重述这条抽象原理。你怎样讲都可以，只要主旨不迷失在细节中就好。不管你如何措辞，这都是劳动者唯一真正的希望；而这个希望就掌握在技术教育工作者和管理者手中，塑造一个劳工每天都能有古代僧侣那种精神状态的国家。

国家的迫切需求是供给大量的技术工人、发明型人才和对新观念发展有警觉性的雇主。

有一种方法——只有这种方法——能实现这些美好的结果，那就是培养出享受自己工作的工人、科研人员和雇主。让我们从一般人性的角度出发，实事求是地审视这个问题。一个疲劳倦怠的工人，即使他的手艺再好，有可能生产出大量第一流的产品吗？他会自主限产，会敷衍了事，会成为躲避监督的能手；他适应新式方法的速度会慢；他会成为不满情绪的焦点，满脑子都是不切实际的革命思想，对行业实际工作状况缺乏真切的理解。在我们可能正要面临的动荡世界中，如果你想要显著提高野蛮暴乱发生的可能性，那就推广技术教育，同时无视本笃会僧侣们（以劳作为乐）的理想吧。社会必将自尝恶果。

其次，对发明型人才来说，愉快的精神活动也是努力工作的一个条件。"需求是创造之母"是一句愚蠢的谚语。"需求是徒劳的逃避之母"要接近真相得多。现代发明增多的基础是科学，而科学几乎完全是从愉悦的思维探究中生发出来的。

第三类人是雇主，他们要有进取精神。我们现在看到，成功的雇主才是大人物，他们的业务往来遍及全球，他们已经成了富人。企业总有起起伏伏，此消彼长，这是毫无疑问的。但如果大批成功的企业都陷入衰退，那就不能指望行业兴旺了。如果这些人仅仅把企业当作无所谓的手段，目的是追求生活中其他无关的机会，那他们就不会有警觉的动力。他们已经过得很好了，只要维持目前企业的发展势头就能度日了。他们根本不可能自找麻烦，尝试前途未卜的新式方法。他们真正的灵魂在生活的另一面。对金钱的欲望会产生守财奴，而非企业家。相比于以建立医院为目标却继续从事令人厌恶的工作的商人，享受自己工作的厂商带给人类的希望要大得多。

最后，只要雇主和工人整体上认为自己在从事一种向公众榨取钱财的无情活动，那么业界就不可能有和谐的前景。我们应当从更宽广的角度来看待工作和相应的公共服务，这样才能为共情的合作打下基础。

从以上讨论能得出一个结论：对雇主也好，对工人也好，技术或科技教育若要满足国家的实际需要，那么它奉行的原则和提供的服务都必须孕育在人文教育的精神里，应当是真正的思想启蒙。在这种教育中，几何与诗歌的重要性不亚于车床。

圣本笃①的虚幻形象在技术教育中的地位，或许与柏拉图的虚幻形象在现代人文教育中的地位不相上下。我们不必为自己是否有资格评断两位先贤真意而苦恼。在这里，他们只是用来代表对立观念的象征符号。我们是按照柏拉图在今天激发出的那种文化来考察柏拉图的。

究其本质，人文教育是思维和审美教育，手段是传授思想家、文学家、艺术家的杰作。它关注的行为是指挥他人。这是一种需要闲暇的贵族教育。这种柏拉图式的理想为欧洲文明带来了不可磨灭的好处。它鼓励了艺术的发展；它培养了无偏见的好奇心，这种好奇心正是科学的源头。它维护了精神的尊严，这种尊严要求思想自由。与圣本笃不同，柏拉图不会和自己的奴隶一起劳作，但他必然是人类的解放

---

① 圣本笃（St.Benedict，480—547），意大利天主教教士、圣徒，本笃会的创建者。——编者注

者之一。他代表的文化是文雅贵族的独特渊源，欧洲今日的秩序自由就来自这个阶层。千百年来，从教皇尼古拉五世（Nicholas V）[①]到耶稣会[②]学校，再从耶稣会到现代英国公学校长，这种教育理想一直得到了神职人员的大力支持。

对某些人来说，这样的教育非常好。它契合他们的思维方式与生活境遇。但这种教育的主张范围还不止于此。判断整个教育是否够格，要看它与这种教育是否相似。

此类教育的本质是博而不专，让学生学习最优秀的文献。它培养出的理想学生应熟知前人写下的上佳作品。他要熟悉各种主要的语言，思考列国兴衰史和诗文中的人类情感，还要阅读戏剧与小说名作。他还要有各大哲学流派的底蕴，研读过那些以文风明澈出名的哲理作家作品。

显然，除非是在漫长人生行将结束之际，否则他除了努力靠近这项事业的目标以外，不会有多少时间做别的事。我们会想起一篇卢奇安对话录中给出的计算结果：在一个人能够有理有据地实践任何一种当时的道德观之前，他应该先用150年时间来考察这些道德观是否正确。

---

① 尼古拉五世（Pope Nicholas V，1397—1455），欧洲文艺复兴时期第一位教皇。——编者注
② 耶稣会：天主教主要修会之一，1534年创立于巴黎，强调绝对服从教皇。——编者注

这样的理想不适合人类。博雅文化的本意没有那么雄心勃勃，不是要完全了解从亚洲到欧洲，从欧洲到美洲，所有人类文明的林林总总的文学表达，而只要求学习选择出来的一小部分罢了，但我们然后又被告知，这些都是上上之选。我对于选色诺芬 [①] 而不选孔子的做法是表示怀疑的，但我也没读过两人的原作。人文教育的宏大事业，事实上缩减到了研究几门重要语言创造出的一小部分文学。

但是，人类精神的彰显并不仅限于文学，还有艺术，还有科学。另外，教育也必须超越对他人思想的被动接受，必须加强主动性。可惜，要习得的主动性并不仅仅是一种——有思想的主动性，有行动的主动性，还有艺术想象的主动性，这三种主动性还有许多分支。

习得是一个广大的领域，而个体生命却太短暂、太局限了，如此说来古典学者、科学家、校长同样是无知者。

人们有一种奇怪的错觉：当需要知道的东西更少时，文化可能就会更加完整。当然，这样做的唯一收获就是，人们意识不到自己无知的可能性提高了。对柏拉图来说，没读过莎士比亚、牛顿或达尔文的著作，他不可能有所收获。近年

---

① 色诺芬（Xenophon，约公元前434—约公元前355或354），古希腊历史学家，苏格拉底的弟子，以记录当时的希腊历史、苏格拉底语录而著称。——编者注

来，人文教育的成绩并未退步。变化的地方是，人们已经发现了人文教育的矫饰。

我的观点是，任何一条学习之路都不能妄称完全理想，被忽视的次要因素同样不能。柏拉图式文化执着于漠然的思维认知，这是一种心理谬误。行动是基本的，而在不可逃避的因果束缚下，我们在世事转变中发挥的作用也是基本的。如果一种教育致力于将思想或审美生活与这些基本事实剥离开来，那么它就会带来文明的堕落。从本质上讲，文化应当是为了行动，文化的作用应该是让劳动不再带来无意义辛苦的联想。因为有艺术存在，我们才可能会知道感官感受是好的。艺术升华了感官世界。

无偏见的科学求知欲是一种激情，它有序而理智地追求事物相互间联系。但这种求知欲的目标是思想结合行动。行动甚至会涉足于抽象科学中，人们常常忽略这个重要的状况。没有科学研究者仅仅停留在"了解"这一层面，他获取知识是为了平息自己的探索激情。他不是为了了解而探索，他是为了探索而了解。艺术和科学能让辛苦变得愉悦，这种快乐源于预想中的方向取得了成果。科学家和艺术家获得的都是这一种快乐。

把技术教育与人文教育对立是错误的。有人文而无技术，有技术而无人文，都不是完备的教育。这就是说，教育必然既传授技术，又培养思想。更简单地说，教育培养出的学生应该既有知识，又有技能。实践与理论的密切结合对两者都有助益。知识分子的最佳工作环境不是真空。激发创造性冲动需要迅速转入实践，尤其是在儿童阶段。先学几何与力学，然后是车间实践，便可以实现这个目标，否则数学就成了空谈。

国民教育体系必须有三大主要方式，分别是人文课程、科学课程和技术课程。但每一套课程都应该包含其他两者。我的意思是，每一种教育形式都应该教给学生一门技术、一门学问、若干宏观思想以及审美鉴赏力，其中的每一面都应该得到其他几面的启发。即便是条件最优越的学生，时间也是有限的，因此不可能要求学生把三套课程都学全，总归要有一个侧重点。最直接的审美教育自然是会出现在要求掌握某种艺术或技法的技术课程中。但是，审美在人文教育与科学教育中也非常重要。

人文课程的教育方法是语言研究，也就是研究我们向他人传达内心状态的最常用手段。学生应当掌握的技能是语言表达技巧，应当掌握的学问是语言的结构，还有分析语言与其传达的内心状态之间的关系。此外，通过语言和情感的微妙关系，以及书面语和口语诉诸的感官的高度发达，学生会具备由成功运用语言而激发的敏锐审美力。最后，文学杰作中还保存着人间的智慧。

人文课程有同样的长处。它的各个部分是彼此协调、相得益彰的。难怪这种课程一旦普及开来，就会自称是唯一完善的教育类型。它的缺点在于过分强调语言的重要性。不同语言表达的重要性差别太大了，实在难以做理智的估计。文学和文学化的表达形式曾经在智识生活中唯我独尊，而近来的几代人看到它从这样的地位退了下来。要想真正成为自然的仆役与执事，我们需要的不仅仅是文学才能。

科学教育首先是要训练观察自然现象的技艺，还要知道关于自然现象出现次序的定律，以及这些定律是如何推导出来的。但与人文教育一样，我们在这里也会遇到时间不足的限制。自然现象有许多类别，每一类都对应一门学问及其特定的观察方式，还有推导定律所用到的特定思维方式。教育中不可能学习科学整体，充其量能够研究两门或三门相互关联的科学。因此，任何以科学内容为主的教育都会受到狭隘专门化的指责。显然，这种指责是有根据的。值得思考的问题是，如何能够在科学教育的范围内避免这一危险，让科学教育变得更好。

这种探讨就需要考虑技术教育。技术教育主要是学习如何利用知识、生产物品的技艺。这种训练强调动手能力、手眼协调性和控制加工过程的判断力。但要想有判断力，必然要了解自然过程，制造就是这些过程的应用。因此，技术教育需要教授科学知识。如果缩小科学教育的范围，那就只有科研专家接受科学训练；如果扩大范围，那就要在一定程度上向工人以及——这一点同样重要——企业主管和经理传授科学知识。

技术教育中动脑的一面未必只与科学相关，也可以面向艺术家或者艺术学徒。这时就必须培养相应的审美鉴赏力。

柏拉图式文化的一个弊端，就是彻底无视了作为理想人类完全发展的要素之一的技术教育。这种轻视源于两组恶性的对立观念，也就是心智与身体的对立，以及思想与行动的对立。我在这里要插一句——为了避免遭到批评而已——我很清楚希腊人高度重视肉体美与身体活动。但是，他们具有那种奴隶制必然会带来的扭曲价值观。

我认为教育有一条公理：在教学中，一旦你忘记学生是有身体的，失败就会立即到来。这正是文艺复兴之后柏拉图式教育犯的错误。但是，干草叉困不住天性；于是，天性从教室里被赶了出来，又换上一身小丑服，以势不可当的体育运动的形式回来了。

思维活动与身体的联系尽管弥散在每一种身体感受中，但聚焦点是眼睛、耳朵、声音与双手。感官与思想是协调的，大脑活动与现实创作活动也是相互影响的。在这种反馈过程中，双手特别重要。是手创造了人脑，还是人脑创造了手，这个问题尚存争议。两者之间有着密切的关联，这是确实无疑的。这种关系根深蒂固，纵然几百年间见弃于上层家庭，却并没有普遍凋零。

不事手工是贵族思维懒散的一个因素，只有通过体育运动来加以缓解，而运动中的脑力活动极少，用到的手艺也欠精巧。专业技术阶层必须不断写作和发言，对他们来说是对脑力的轻度刺激。博览群书，别的什么都不干的人并不以头脑精微知名。他们往往思想守旧。毫无疑问，部分原因是他们知识太多，超出了思维能力；但也有部分原因是缺乏生产性动手或动口活动对大脑的刺激。

在评估技术教育的重要性时，我们必须超越将学习与念书绑定的思维。一手知识是智识生活的终极基础。念书传递的知识以二手信息居多，因此永远也上升不到直接实践价值的层面。我们的目标是将生活中切身发生的事情看作普遍观念的个例。知识界给出的往往是局部的二手信息，用一条二手信息来解释来自另一条二手信息的观念。知识界之所以平庸，秘密就在于它的信息是二手的。知识界是温顺的，因为它从来不曾受到事实的惊吓。弗朗西斯·培根①的影响之所以重要，主要不在于他关于归纳推理的任何特定理论，而在于他是反感二手信息的领军人物。

科学教育的独特优势应该是将思想建立在一手观察的基础上；相应地，技术教育的长处是顺应我们的一种深刻的自然本能，那就是将思想转化为手艺，将手艺转化为思想。

科学引发的思想是逻辑思维，而逻辑分为两种：探索过程的逻辑和发现成果的逻辑。

探索过程的逻辑是要权衡概率，丢弃被认为无关的细节，根据发生的时间来领悟普遍规律，还要通过设计适当的实验来检验假说。这是归纳逻辑。

发现成果的逻辑是对特殊事件的推演，这些事件在特定情况下会遵照假定的自然法则发生。于是，当我们已经发现或假定了法则时，法则的运用就完全依赖演绎逻辑了。没有演绎逻辑的科学将完全无用，只会是从特殊上升到一般的空洞把戏，除非我们之后能反过来从一般下降到特殊，就像雅

---

① 弗朗西斯·培根（Francis Bacon，1561—1626），英国哲学家，被称为"整个实验科学的真正始祖"。——编者注

各梦里在梯子上下往来的天使一样①。当牛顿领悟到万有引力定律时，他立即着手计算地球对地面上的苹果引力有多大，对月球的引力又有多大。顺便说一句，如果没有演绎逻辑，就不可能有归纳逻辑。因此，牛顿的计算是他用归纳法验证伟大定律的重要步骤。

数学不过是演绎推理这门技艺中比较复杂的部分，尤其是涉及数、量和空间的领域。

科学教育应当传授思维的技艺，也就是形成清晰的概念，应用于一手经验的技艺，领悟适用的一般真理的技艺，检验领悟到的观念的技艺，还有通过推理将一般真理应用到具有一定意义的特殊情况的技艺。进一步讲，科学阐述也是一种必要的能力，以便清晰陈述从一团混乱的观念中梳理出的相关话题，同时适当地突出重点。

如果我们像这样充分教授了一门科学或者少数几门科学，并适当兼顾了普遍的思维技艺，那么我们就已经朝着纠正科学专门主义迈出了一大步。科学教育必然要以一两门分支学科为根基，而最坏的科学教育就是教师受到考试制度的影响，仅仅向学生灌输这些专门学科的狭隘成果。我们必须

---

① 雅各的梯子（Jacob's ladder），出自《圣经》，雅各梦中所见通往天国的梯子。——编者注

不断阐发科学方法的普遍性，并将其与具体应用的特殊性加以对照。一个人只懂自己所学的学科知识，把它当作这门学科特有规范，那他是连这门学科也是学不懂的。他没有丰饶的思想，没有迅速把握外来思想意义的本领。他将无所发现，在实践应用中也是蠢人。

这种寓于特殊性的一般性是很难呈现的，对低年级学生尤其如此。教育的技艺从来不简单。克服教育，尤其是初等教育中的种种困难，是一项值得最优秀的人去完成的任务。这是对人类灵魂的训练。

如果教学得当，数学应该是逐渐熏陶这种观念一般性的最有力工具。数学的本质就是不断用更一般的概念取代更特殊的概念，用一般方法取代特殊方法。我们用一个方程来表达某个特殊问题的条件，但这个方程也适用于上百个分布在许多不同学科中的其他问题。一般性的推理永远是有力的推理，因为演绎的威力就在于抽象的形式。

我们在这里也必须小心。如果我们仅仅将数学教育用于灌输一般真理，那就会毁了数学教育。一般概念是联系特殊结果的手段。说到底，重要的是具体的特殊状况。因此在处理数学的问题上，对待结果不能太具体，对待方法不能太一般。推理的必由之路是将特殊事物一般化，然后将一般观念特殊化。没有一般就无法推理，没有具体则缺乏意义。

具体是技术教育的长处。我要提醒大家，达不到最高一般性的真理未必就是具体事实。比方说，$x+y=y+x$ 的一般性高于 2+2=4。但是，"2+2=4" 本身就是一般性很高的命题，完全没有具体的要素。要想获得一个具体命题，就必须有涉及特殊事物真假的直觉的知识。比方说，"这两个苹果和那两个苹果加起来是四个苹果"是一个具体命题，如果你能直接感知到这些苹果，或者对它们有近期记忆的话。

为了在实践中充分实现真理，而不仅仅将真理当作空洞的公式，那就只有技术教育一条路，别无他法。仅仅被动观察是不够的。唯有在创造中才能生动地感受到产物的属性。想了解一样东西就亲手去造出来，这是一条合理的规则。你的官能会活跃起来，你的思想会直接转化为行动，从而获得生命力。你的观念会获得实感，而实感来自目睹观念在应用中的局限性。

这种学说在初等教育中实行已久。老师教小孩子做剪纸和分类这样的简单手工，从而让他们熟悉形状和颜色。这样固然是好的，却不是我想要表达的意思。那是在思考之前的实践经验，是以形成概念为目标的先于思想的经验，是一种很好的操练。但技术教育远不止于此：那是一种伴随着思考的创造性经验，是可以将思想实现的经验，是教你协调行动与思考的经验，是引导你由思考而预见、由预见而成功的经验。技术教育提供理论，也提供关于理论会在何处失效的敏锐洞见。

我们不应将技术教育理解为完美柏拉图式文化的一种残缺替代品，也就是因生活条件所迫，不得已接受的有缺陷的培训。任何人都只能掌握不完全的知识，自身能力也只有一部分能够获得训练。但是，我们有三条大道可以走，都有希望迈向智力与品格的最佳平衡状态，那就是人文素养之路、科学素养之路、技术素养之路。如果只走其中一条路的话，不免会蒙受思维活动与品格上的重大缺失。但单纯地将三套课程机械地杂糅也会造成恶劣的后果，学生会学到互不关联或得不到运用的知识碎片。我们前面已经讲过，传统人文教养的一大优点就在于各部分是协调的。教育的难题就是既要坚持侧重点，不管是侧重人文、科学还是技术，又不失去协调性，在每一种教育中都融入其他两种教育的成分。

为了确切说明技术教育的问题，我们要注意两个年龄：一个是结束小学教育的 13 岁，另一个是 17 岁，这是压缩在学校课程内的技术教育结束的年龄。我知道技工读三年制初等技术学校比较常见，而对培养海军军官和各种管理人员的班级来说，时间可能会更久。我们要考察的原则适用于这样一类课程：它们可以让 17 岁的青年人掌握对社会有用的专门技术。

手工技术培训应当从 13 岁开始，起初相较于其他课业来说占比较低，之后比例逐年增加，最终达到主导地位。另外，技术培训不应该过于专门化。适用于特定工种的具体技巧和窍门应该到工厂里教，而且不应在学校课程中占主要地位。训练有素的工人应该能迅速掌握这些内容。在所有教育中，失败的主要原因都是陈腐过时。如果我们认为技术教育是为了尽早教给孩子一门专精手艺，那这套制度就完蛋了。国家需要有流动性的劳动力，不仅是在地域间流动，也要在合理限度内的相关技能之间流动，从一个特殊工种转向另一个特殊工种。我知道自己现在立场微妙，我并非主张工人应该一边专精于本职工作，一边不定期地做其他类型的工作。那是行业组织的问题，与教育工作者无关。我只是在表述下列原则：培训涵盖的范围应该比最终选择的专精工种更广，学生由此会获得适应需求变化的能力，这对工人，对雇主，对国家都是有益的。

在考察课程中的文化课时，我们必须接受学科协调原则的指导。普遍来说，与实训课关系最直接的是科学的某些分支。实际上涉及的不会只有一门分支，即便只有一门，我们也不可能将科学学习缩减成一座独木桥。不过，在不至于过于刻板的前提下，我们可以大致按照涉及的主导科学学科来给技术教育分类。于是，我们有了一个六分法：（1）几何学技术，（2）机械学技术，（3）物理学技术，（4）化学技术，（5）生物学技术，（6）商业与社会服务技术。

按照上述分类，除了辅助学科以外，大部分职业都需要专攻某一门科学。比方说，木工、铁艺和许多手工艺属于几何学技术。同理，农业是生物学技术。如果烹饪专业包含餐饮服务的话，那它大概处于生物学技术、物理学技术与化学技术之间，尽管我对此不太确定。

与商业和社会服务相关的科学中有一部分属于几何学，包括算术和统计，还有一部分是地理学和历史学。但这一类在对应相关学科方面会有比较大的差别。无论如何，结合科学对技术教育进行分类的具体方法是细节问题。重点在于，经过思考，我们有可能找到对大部分职业都有启发的科学课程。此外，人们对这个问题相当了解，而且它在全国多所科技学院与初等技术学校中都得到了圆满解决。

在考察技术教育的知识要素，从理科转向文科时，我们注意到许多学科徘徊在文理之间，比如历史和地理。两者在教育中都是至关重要的，前提是正确的历史与正确的地理。另外，书本会描述一般性结果，而不同学科的思想进路也会分在同一个类别下面。这些书应该一半讲历史，一半阐述最终兴起的主要思想。历史和地理的教育价值取决于两者激发思想的性质。学生不能因为对科学感到惊奇，就将历史、地理等同于空气，而且在教学中必须有宽广的视野。

可惜的是，教育中的文科成分很少能脱离语法学习来考量。出现这一状况的历史原因是，在现代柏拉图式课程的形成期，拉丁文和希腊文是接触文学杰作仅有的两把钥匙。但文学与语法没有必然联系。早在亚历山大城[①]的语法学家到来之前，古希腊文学的伟大时代就已经过去了。在当今生活的所有人里面，距离伯里克利时代[②]的希腊人最遥远的就是研究古典文学艺术的学者。

单纯的文科知识意义不大。唯一有意义的，是你是如何知道的。相关的事实什么都不是。文学的存在只是为了表达和发扬那个富有想象力的世界，也就是我们的人生，我们内在的王国。于是，技术教育的文科部分应当主要是为了让学

---

① 亚历山大城（Alexanddvia），埃及北方城市，曾是古代世界主要的学术中心和最伟大的城市之一。——编者注
② 伯里克利时代（Pericles Times），指公元前433—前429年在雅典首席将军伯里克利统治的时期。——编者注

生享受文学。学生知道多少无所谓，关键是享受。在英国各大高校的直接掌控下，中小学生要考莎士比亚戏剧，此举几乎肯定会毁掉他们对文学的享受。这些大学应该被判灵魂谋杀罪。

思想上的享受有两种：创造的享受与放松的享受。两者未必是分离的。换工作可能会让快乐全面迸发，这种快乐来源于两种快乐的同时发生。文学鉴赏其实就是创造，作品文本、韵律节奏和相关的联想只是刺激因素，它们唤起的景象要我们自己去创造。任何人，任何我们自身之外的才艺，都不能让我们自己的生活变得鲜活。不过，对文字工作者以外的其他人来说，文学也是一种放松。文学能够锻炼所有职业的人在工作中受压抑的人生的另一面。艺术在人生中也发挥着与文学相同的功能。

获得放松的快乐不需要别人帮忙，只要把工作停下来就好。一定数量的这种纯粹放松是保持健康的一个必要条件。它的危险可谓臭名昭著，而且在人们需要放松的大部分时间里，自然给予我们的不是快乐，而是无意识的睡眠。创造的享受是努力成功的结果，也需要帮助才能入门。这种享受对高速工作和原创成果都是必要的。

催逼精神不振的工人加速生产是一种灾难性的经济政

策。一时的成功会损害国家的利益，国家将不得不常年扶助油尽灯枯、无力做工的匠人。一阵拼命干、一阵纯放松的做法同样是灾难性的。除非严格加以遏制，否则这种放松期就会播下堕落的种子。正常的消遣是换一种活动，满足人本能的渴望。游戏能提供这种活动。脱离现实的属性突出了游戏带来的放松，但游戏过度也会让我们空虚。

正是在这一方面，文学艺术应该在体制健全的国家中扮演关键的角色。文学艺术对经济生产的益处仅次于饮食睡眠。我现在讲的不是培养艺术家，而是艺术作为健康生活条件之一的用处。它就相当于自然世界里的阳光。

一旦我们在头脑中摒弃了"知识就是强迫"的观念，那么支持艺术享受的发展就没有特别的困难或者特别大的花销了。所有学童都可以定期组织去附近的剧院，这些剧院上演合适的剧目可以领取补贴。音乐会和电影也是同理。图画对群众的吸引力要更值得怀疑，不过，用有趣的形式将儿童读到过的场面或观念呈现出来，这样做大概是吸引人的。我们应该鼓励学生亲自参与艺术。最应该培养的是朗读的艺术。

约瑟夫·艾迪生①写的关于罗杰·德·柯弗利爵士（Roger de Coverley）的系列文章就是适合朗读的散文的范例。

艺术和文学不仅有提升生命活力的间接作用，更有给予我们展现充满想象力的景象的直接效果。超越肉体感官经验的世界铺展开来，蕴含着微妙的反应与情感的波动。想象的景象是控制和指挥的先决条件。民族间竞争最终取决于工厂，而非战场上一决雌雄，胜利将属于那些掌握着大量受过训练的精神能量、在有利于成长的条件下工作的人。必要条件之一就是艺术。

假如有时间的话，我本来还有其他几件事应该讲，例如，提倡在所有类型的教育中都加入一门外语。通过直接观察，我知道学习手工技艺的孩子是有可能做到的。但是，我前面讲过的内容，已经足够阐明我们在开展国民教育时应当遵循的原则了。

最后，我要回头来讲一下本笃会。本笃会将知识、劳动与道德力量联系起来，从而将人类从古代文明的湮灭中拯救了出来。我们的危险是将实践视为邪恶的领域，在那里只有

---

① 约瑟夫·艾迪生（Joseph Addison，1672—1719），英国散文家、诗人、学者，代表作品有诗篇《远征》、悲剧《卡托》等。与好友理查德·斯蒂尔（Richard Steele）共同创办《旁观者》杂志。——编者注

灭绝理想才能取得成功。我相信这是一种被实践经验直接否定的谬论。在教育中，这种错误是通过轻视技术教育表现出来的。通过将崇高理想寓于庞大组织，我们在黑暗时代的先辈拯救了自己。我们的使命是不要奴性地模仿，而要大胆地运用自己的创造力。

第五章　古典文化在教育中的地位

　　古典学在英国的未来主要不取决于古典学带给学成之士的快乐，也不取决于学术训练对学术事业的效用。以古典文学和古典哲学为主要基础的教育有悦心修身之效，数个世纪的经验已经证明了这一点。古典学术之所以面临威胁，并非因为当代古典学者不如前辈热爱古典学。威胁是这样产生的：在过去，古典学统治着整个高等教育领域，它没有对手；于是，所有学生在校期间全都钻研古典学，而到了大学，挑战古典学主宰地位的只有数学一门。这种状况带来了许多后果。仅仅从教学这一项就对研究古典文化的学者有巨大需求；知识界的每一条路都带有古典学的味道，因此古典文化就是能力的同义词；最后，每一个在这条路上希望渺茫的学生都培养出了对古典学术的兴趣，不管兴趣是先天的，还是后天的。但这一切都过去了，一去不复返了。蛋娃（Humpty Dumpty）[1]只要还站在墙头，就是好蛋，但摔下来就再也扶不起来了。如今，学校里有各种其他的学科，其中都有意义广泛的课题和错综复杂的关系，而且在发展过程中展现出了天才们的想象力与哲学家哲思直觉方面的最优秀才华。当今世上的每一条路几乎都属于知识界，职业技能都要求一门或多门学科作为基础。人生苦短，大脑适合学习新知的可塑期更短。于是，即便所有儿童都适合学习古典学，但若要维持一套必须先接受完整的古典学训练才能修习其他学科的教育体系，那是绝对不可能的。作为首相府"古典文化在教育中的地位"委员会的成员，我不幸听到许多人徒劳嗟叹，抱怨当今家长们唯利是图的倾向。我不相信任何阶级的当代家长比先辈更唯利是图。当古典学是晋身之阶时，古典学就是热门专业。如今机遇已经转移了，古典学正处于危难中。亚里士多德不是说过，丰厚收入是思想生活值得拥有的附属品吗？我在想，假如亚里士多德以家长身份对我国名牌公学的

---

① 汉普蒂·邓普蒂（Humpty Dumpty），英国《鹅妈妈童谣》中的人物，是一个从墙上摔下跌得粉碎的蛋形矮胖子。——编者注

校长这样说，校长会做何感想？我怀疑两人会吵起来，亚里士多德会吵赢。我一直在努力充分领会古典学在课纲中面临的威胁。我得出的结论是，古典学的未来将在今后几年里的英国中学中决定。在一代人的时间里，各大公学不论愿意与否，都必然要跟进。

决定性的事实是，到了将来，18 岁中学毕业的学生里有90% 再也不会读一本古希腊语和拉丁语的古典著作。在更早毕业的学生里，90% 的估算比例或许可以改成99%。我听过和读过很多漂亮话，阐述古典学对坐在扶手椅里读柏拉图和维吉尔的学者有多大的价值。但这些学生不管是坐在扶手椅里，还是在其他任何情况，都不会读古典著作。我们必须给出一种适用于这 90% 学生的古典学辩护词。如果古典学在这一部分学生的课程里被砍掉了，余下的 10% 很快也会消失。学校不会再配备古典学教师。问题是迫切的。

但如果我们得出了下述结论，那就大错特错了：关注教育与效益关系的知识界和实业界领袖都对古典学怀有敌意。我上一次参加的相关讨论，公家和私人的都算，是在一家大型现代大学的领导委员会上，讨论短暂而激烈。物理学学部的三名代表力主古典学的重要意义，依据是古典学是有价值的科学家培养预备学科。我之所以提到这件事，是因为按照我的经验，这是一个典型事例。

我们必须记住，整个智力教育问题都受制于时间不足。如果说玛士撒拉①没受过良好教育的话，那要么是他自己的问题，要么是他老师的问题。但我们的任务是探讨五年中学时光。要为古典学辩护，唯一的依据是：在这五年时间里，在古典学与其他学科都要学的情况下，在针对相同学生的前提下，古典学能够比其他学科更快地丰富学生必要的思想品格。

在古典学中，我们致力于通过透彻的文本研究，来培养学生在逻辑、哲学、历史和文学审美鉴赏方面的头脑。语言学习——拉丁文或希腊文——是促进这一终极目标的辅助手段。当目标已经达成时，语言就可以放下了，除非未来有机会，学生自己选择继续研究。对某些人，其中包括一些最优秀的人来说，分析语言并不是通往教养目标的坦途大道。对他们来说，蝴蝶或蒸汽机的内涵要比一个拉丁文句子广博得多。在活泼生动的领悟激发出独创性的思想，带来灵光一闪的情况下，那就更是如此了。这种人几乎永远领会不到作业里的语句，只会觉得琐碎没有意义，徒增困扰。

---

① 玛士撒拉（Methuselah），《圣经》记载的人物，据说他在世上活了 969 年，是历史上最长寿的人，后来成为西方长寿者的代名词。——编者注

但总体来说，正常的路径就是分析语言。它对学生来说是最普通的手段，对教师来说是最容易把控的工作。

讲到这里，我必须对自己来一场诘问。我的另一面问我：如果你想要孩子学逻辑学，为什么不直接教逻辑学呢？那不是显而易见的做法吗？我要用一位伟人的话回答这个问题，他就是不久前去世的昂德尔学校校长桑德森①，对我们来说，他的离去是巨大的损失。他是这样说的，他们通过接触来学习。这句话的内涵讲到了真正教育实践的核心上。教育必须从特殊的事实入手，用明确具体的东西让个体学生去领悟，必须循序渐进地迈向一般性观念。我们避之不及的恶魔正是填鸭式教学——向学生灌输与个体经验无关的一般性命题。

现在，我们用这条原则来确定什么才是帮助一名儿童形成哲学式思维分析能力的最好方法。用更直白的话说，让一个孩子思维和表达清晰的最好办法是什么？逻辑书里的一般性命题提到的事物是孩子听都没听说过的。这些命题属于成年后的大学教育阶段，或者即将读大学的阶段。你必须从分析孩子熟悉的英语句子开始。但是，这种语法教学如果延续到小学阶段以后，那就太枯燥了。此外，它还有一个劣势：

---

① 弗雷德里克·威廉·桑德森（Frederick William Sanderson，1857—1922），英国中学校长。——编者注

它只是分析英语本身，而完全不去说明英语短语、词汇的复杂内涵，也不讲心理过程的习惯。下一步是教孩子学习一门外语。这里有一个重大的优点。你摆脱了那种讨厌的、为了练习而练习的刻板作业。这时的分析是自发的活动，学生的关注点是用语言表达自己的要求，或者是听懂别人对自己讲的话，又或者是读懂某位作者写下的文字。每门语言都蕴含着一种特殊的思维方式，两种语言必然会向学生呈现出两种思维方式的差别。从常识来看，孩子应该尽早开始学法语。如果你家里有钱，可以请一位法国保姆兼家教。家境没那么好的孩子会在 12 岁左右上中学时开始学法语。学校大概会采取直接教学法，让学生在课堂上自始至终沉浸在法语里，老师还会教他们用法语思考，不要让英语插进法语单词和法语词义之间。就连天资平庸的儿童也能跟上，迅速掌握处理和理解简单法语句子的能力。正如我前面说的那样，这样做的收益是巨大的，而且孩子日后还掌握了一门有用的工具。孩子会养成语感，语感就是学生对语言这样一种有明确结构的工具所产生的潜意识领悟。

现在开始学习拉丁文是最能刺激思维发展的。基础拉丁文是展现语言结构性的一个特别清晰具体的例子。如果你的头脑已经发展到了这个层次，那你就要直面这个事实了。你在英语和法语上可能体会不到。简单的标准的英语句子可以直接转换成蹩脚的法语，反过来看，标准的法语句子也能直接转换成蹩脚的英语。对这个心智发展阶段来说，直译过去的蹩脚法语句子与正确标准的法语句子之间的区别往往很微妙，而且并不总是容易解释。两者都有现代语言的共通性。但到了英文和拉丁文那里，结构差别显而易见，但也没有大到不可逾越的地步。

根据中学校长的说法，拉丁文课颇受欢迎。我知道我自己念书时是喜欢拉丁文的。我相信，拉丁文受欢迎是因为学习过程中伴随着茅塞顿开的感觉。你知道自己正在发现某种东西。单词插入句子的方式与英语或法语都不一样，内涵上也有着奇特的区别。当然，在某种意义上，拉丁文比英文更粗暴，它更接近未经分析的整体式句子。

这就引出了我的下一个观点。我在列举拉丁文的好处时，将哲学置于逻辑和历史之间。这正是哲学真正的位置。拉丁文唤起的哲学本能徘徊于两者之间，同时丰富了两者。从英文翻译到拉丁文，从拉丁文翻译到英文都涉及思维分析，让学生接受了哲学逻辑入门的必备经验。如果你日后从事脑力工作，那就感谢上天的规定：要求你年轻时有五年时间，每周要读一篇拉丁文散文，每天都要解读某位拉丁文作家的一段作品。入门任何一个科目都是通过接触进行学习的过程。对大多数人来说，语言是对思维活动最便利的刺激，启蒙开智的道路是从简单的英语语法到法语，再从法语到拉丁文，其间穿插着基础几何学与代数学。我无须提醒读者，我可以引用柏拉图的权威来支持我主张的总体原则。

现在，我们从思维哲学过渡到历史哲学。我要再次引用桑德森的名言：通过接触来学习。孩子到底怎么能通过接触来学习历史呢？对孩子来说，原始文档、宪章、法律和外交通信都如同天书。橄榄球比赛或许能些微反映马拉松战役①。但这只不过是说，所有时代和状况下的人生都有共性。此外，我们灌输给孩子的所有外交和政治内容只是一种非常狭隘的历史观。真正有必要的是，我们应该对视野、思想、审美与种族冲动的流变形成一种本能的把握，正是这种流变操纵着多灾多难的人类史。现在，罗马帝国是历史遗产进入现代生活的瓶颈。就欧洲文明而言，历史的关键就是理解罗马城的精神与罗马帝国的功业。

罗马的语言以文字形式体现了罗马的视野，通过这门语言，我们掌握了最简单的素材，在这种接触中能够领会世

---

① 马拉松战役（The Battle of Marathon），是发生在公元前 490 年的一场战役，是希腊城邦联军抵抗波斯帝国的入侵，最终由雅典领导的希腊联军获胜。——编者注

事变化的潮流。法语和英语都与拉丁文有着明显的关联，仅此就是一种历史哲学。我们来看英语与法语的比较：英语完全脱离了古代不列颠文明，源于地中海的词语带着典雅的词义慢慢潜越了回来；而法语则是持续发展的过程，中间明显有几次粗暴冲击的痕迹。我不是要求开设虚夸抽象的课来讲授，这件事是不言自明的。英语母语者只要有法语和拉丁文的基础知识，便足以明白缔造了当今欧洲的民族大迁徙是真实的。语言体现了塑造这门语言的种族的思维方式。每一个单词和短语都蕴含着耕耘土地、照料家务、修建城市的男男女女的某种思维习惯。因此，不同语言的单词和短语之间没有真正的同义词。我讲的这一整段话，都不过是在细化这一个主题，还有我们强调这个主题重要性的努力。英语、法语和拉丁文构成了一个三角，英语和法语这两个顶点展现了两大现代思维方式的差异，它们与第三个顶点的关系则呈现了借鉴古代地中海文明的另一个过程。这是人文教养的关键三角，内里蕴含着鲜明的对照，同时拥抱着当下与过去。它跨越了时间与空间。这就是我们论证下列主张的依据；我们认为，法语和拉丁文是通过接触学习逻辑哲学与历史哲学的最简单方式。如果没有这种近距离的体验，那么思维分析和历史事件就只是空话。我并非主张——也从未相信——这条教育路径对多数学生来说不仅仅是最简单、最容易的一条路。我确信，对于不少学生来说，侧重点应该有所不同。但我确实相信，这条路能够让最多的学生取得最大的成绩。它的另一个好处是经受过现实考验。我相信现有教学实践应当做出重大改动，以适应当下需要。但整体来说，这一人文教育的基石既有认识最完善的传统，又有最庞大的资深学术教员群体，他们有能力在实践中完成目标。

读者可能已经发现，我到现在都没有讲述辉煌的罗马文学。拉丁文教学自然要让学生阅读拉丁语文学作品。罗马文学有鲜活的作家，他们成功将罗马人的精神生活搬上了舞台，涉及各类主题，包括对希腊思想的欣赏。罗马文学的特点之一是相对缺乏出类拔萃的天才。罗马作家少有超凡脱俗之辈，他们表现本民族的生活，并不与其他民族有多大区别。除了卢克莱修[1]以外，你总是会感到罗马作家的局限性。塔西佗[2]表达了罗马元老院强硬派的观点，他无视罗马行省治理的成就，眼里只有希腊自由民正在取代罗马贵族。罗马帝国和缔造出帝国的精神耗尽了罗马人的才华。罗马文学中极

---

[1] 卢克莱修（Lucretius，约公元前99—前55），古罗马诗人和哲学家，以哲理长诗《物性论》著称于世。——编者注

[2] 塔西佗（Tacitus，约公元55—120），古罗马历史学家、文学家和演说家。——编者注

少谈及天国，在天国，尘世发生的事件都不再重要。天国的语言是汉语、希腊语、法语、德语、意大利语和英语，蒙福的圣徒会欣欣然于这些诉说着永生的、散发着金光的语言。而希伯来语文学和罗马作家会让圣徒感到厌倦，前者在与已经被消灭的恶魔战斗，蕴含着道德狂热，而后者则将讲坛误以为是现世神的脚凳。

我们教授拉丁文，并不是希望阅读罗马文学原文成为伴随学生一生的活动。英语文学要伟大得多：更丰富，更深刻，也更微妙。如果你爱好哲学的话，你难道会不读培根、霍布斯、洛克、贝克莱、休谟和密尔，而去读西塞罗吗？除非你对现代作家的兴趣使你去读马丁·塔珀。你或许渴望反思人类存在的无穷多样性，思考人对环境做出的反应。那么，你会用莎士比亚和英国小说家去换泰伦提乌斯、普劳图斯和特里马乔的宴席吗？还有我国的幽默作家——谢里丹、狄更斯等。有人读拉丁文作品时笑成那样吗？西塞罗是一位优秀的演说家，他的舞台是奢靡的帝国。英国也有政治家用富有想象力的方式阐述政策。我就不长篇大论地列举诗人和历史家了，省得你们厌烦。我只是想要论证我对一种主张的质疑：有人主张，拉丁语文学杰出完满地表现了人类生活的普世性要素。罗马文学不能让人发笑，也很难让人落泪。

你绝不能脱离语境来看待罗马文学。罗马文学不是希腊和英国产生的那种文学，不是对人类普遍情感的表达。拉丁文只有一个主题，那就是罗马——罗马，欧洲的母亲，同时也是伟大的巴比伦城①，《启示录》的作者如此描绘这位娼妇的毁灭：

> "[地上的君王] 因怕她的痛苦，就远远地站着说，哀哉，哀哉，伟大的巴比伦城，坚固的城啊，一时之间你的刑罚就来到了。"

> "地上的客商也都为她哭泣悲哀，因为没人再买他们的货物了。"

> "这货物就是金、银、宝石、珍珠、细麻布、紫色料、绸子、朱红色料、各样香木、各样象牙的器皿，各样极宝贵的木头和铜、铁、汉白玉的器皿。"

> "并肉桂、豆蔻、香料、香膏、乳香、酒、油、细面、麦子、牛、羊、车、马和奴仆、人口。"

这就是罗马文明在一位早期基督徒眼中的样子。但是，

---

① 《圣经·启示录》中，巴比伦是圣城耶路撒冷的原型，在《启示录》中被描绘成女人。——编者注

基督教本身是从古代世界生长出来的，而古代世界是罗马传给欧洲的。我们继承了东地中海文明的两重性。

拉丁语文学的功能在于它对罗马的呈现。当你对英国和法国的想象中又多了背景中的罗马时，你就打下了坚实的文化基础。了解了罗马，你就能回到地中海文明，罗马是那个文明的最后阶段。了解了罗马，你自然就会了解欧洲地理，以及海洋、河流、山地和平原的功能。在少年阶段的教育中，这种学习的长处在于具体，在于能激发行动，在于涉及的人物都是伟人，还在于伟人的品格与表演。他们目标远大，既有大善，也有大恶。他们有以套绳拉罪恶的拯救之能。若非习惯了宏大的视野，道德教育就不可能实现。如果我们不宏大的话，那无论我们做什么，或者面对的问题是什么，那都无所谓了。宏大的信念感是一种直觉，而不是论证得出的结论。人年轻时感受皈依的苦楚，觉得自己是虫子而不是人，这是可以允许的，只要他保有足以证明上帝永恒怒火的宏大信念。宏大感是道德的基石。我们正在民主时代的门槛上，而人人平等要在高层次上实现，还是在低层次上实现，这依然是一个悬而未决的问题。如今，将罗马的图景展现在年轻人面前有着史无前例的重要意义：罗马本身就是一场大戏，而且蕴含着比它本身更宏大的课题。我们已经浸润在文学素养审美这一课题中。在这里，古典学的传统教学方式需要做最积极的改革，以适应新的状况。古典教育执迷于培养全面的古典学者。旧传统义无反顾地将起步阶段用于掌握语言，然后把学生交托给当时的文学氛围，让学生从中获得文学的快乐。在19世纪下半叶，其他学科占据了可用的时间。结果往往是语言没学会，白白浪费时间。我常常觉得，正是由于这种挫败感，英国名牌学校的普通学生才会表现出缺乏学术热忱。在规划中小学古典学课程时，一定要有明确达成的清晰目标。通往远大学术理想的道路已经培养出太多失败品了。

在对待每一件艺术品时，我们都必须恰当处理两个因素：尺度与节奏。如果你拿着显微镜去检查罗马的圣彼得大教堂，那对建筑师是不公平的；如果你按照一天五行的节奏读《奥德赛》①，那么历险记也会变得索然无味。这就是我们现在的问题。我们面对的学生永远达不到能够快速阅读拉丁文的那种熟练程度，而我们要呈现的图景又是在通史的宏大背景下。重点似乎应该是仔细研究教育的尺度与速度，还有在我们的事业的各个部分中，两者分别有什么功能。我尚未见到

① 《奥德赛》（*Odyssey*），古希腊著名史诗，相传为荷马所作。

任何结合学生心理考察这个问题的文献。这难道是共济会的秘密吗?

我常常注意到,如果在一群大学者聚会时提起翻译这个话题,翻译对学者情绪心态产生的作用,就像体面人遇到不体面的风流韵事一样。数学家就没有学者架子可以失去,所以我就来面对这个问题吧。

按照我阐述的整体思路可得,精确领会拉丁语词汇的意义、明白观念在语法结构中的结合方式、掌握拉丁语句子的整体轻重节奏,这些构成了我认为学习拉丁文的基本品质。于是,凡是囫囵吞枣式的教学,省略语言微妙之处的做法,都完全违背了我展现在各位面前的理想。使用能让学生尽快脱离拉丁文的译文是错的,让学生避免动脑子钻研句法也是错的。精准、确切、独立分析的能力是拉丁语学习的主要成就之一。

但是,我们仍然面临着不可避免的节奏问题,还有整个过程只有短短四五年的问题。每首诗都应该在特定时间限度内读完。对照、意象、情绪变化都必须契合人心中的韵律起伏。它们都有不能超出的时间限度。你尽可以把世上最高贵的诗歌拿过来,然后如果你像蜗牛一样慢悠悠地读,诗就会从艺术品坍塌成垃圾堆。设想有一个孩子这样研读一首诗时的心理：他读了"当……"接着停下来查字典，然后读——"雄鹰"，接着又是查字典，之后又是揣摩句式，如此往复。这对他形成罗马的图景有帮助吗？诚然，根据常识，你应该尽可能找到最好的直译版本，它尽可能保留了原文的魅力与活力，你还应该按照适当的节奏朗读，并加上解释语句的批注。于是，就有一种观念强化了对拉丁文的抨击，这种观念认为，拉丁文将活生生的艺术品捧上了神坛。

但有人反对说，译文远逊于原文。这是自然的，所以学生才必须掌握拉丁语原文。掌握原文后，学生就能用适当的节奏来读了。我的主张是，学生要按照正确的节奏读译文，形成一个初步的整体认知，最后再按照正确的节奏读原文，领悟诗歌完整的价值。华兹华斯（Wordsworth）① 说科学家"为了解剖而谋杀"。过去，古典学者也是与之相仿的真杀手。美感是急切热烈的，应该给予应有的尊重。但我还要再讲一点，呈现罗马图景所需的完整拉丁语文献太过浩繁，远远超出了学生通过读原文能够达到的程度。学生读更多的维吉尔、卢克莱修、西塞罗的作品和历史作品时，不应该局限于拉丁文原文。在研读一位作者时，拉丁文选段应该能够更完

---

① 华兹华斯（Wordsworth，1770—1850），英国浪漫主义诗人。——编者注

整地展现作者的整个精神世界，尽管这样做失去了原语言作者原文蕴含的力量。但是，如果完全不读原文的话，那是重大的弊端。

尺度问题主要与古代史讲解有关。摆到年轻人面前的一切内容都必须根植于具体与个体。但是，我们又想要展现时代的整体风貌。我们必须让学生在接触中学习。我们可以用视觉教具来表现生活方式，包括建筑照片、雕塑模型，还有表现神话和家庭场景的瓶画或壁画图案。这样一来，我们就可以将罗马与罗马之前的东地中海诸文明，与罗马之后的中世纪进行比较。让儿童了解人在样貌、住所、技术、艺术、宗教观念方面的变化历程是重要的。我们必须效仿动物学家的做法，他们手中完整掌握着动物形成的过程，通过介绍典型实例来教学。我们也必须这样做，展现罗马在历史上的地位。

人类的生活建立在技术、科学、艺术、宗教之上。这四者是相互关联的，源自人的整体心理。但是，技术与科学之间、艺术与宗教之间分别有着特殊的密切联系。理解任何社会组织都离不开这四个基础因素。1台现代蒸汽机抵得上古代世界的1000名奴隶从事的劳动。抢掠奴隶是许多古代帝国的关键。现代化的印刷机是现代民主的重要附属物。现代人心态的要义是科学不断发展，随之带来观念变迁与技术进步。古两河文明与古埃及文明之所以能够出现，是因为灌溉系统的发达。但罗马帝国之所以存在，是借助对既有技术的最大规模的应用：公路、桥梁、引水渠、隧道、下水道、宏大建筑、有组织的商船队、军事学、冶金学，还有农学。这就是罗马文明扩张和统一的秘诀。我常常在想，为什么罗马工程师没有发明蒸汽机。他们在任何时刻都可能发明出来，那样一来，世界史会有多么大的改观啊。我认为，原因在于罗马人生活在温暖气候下，而且没有茶和咖啡。在 18 世纪，成千上万的人坐在火源旁看着壶里的水烧开。我们当然都知道亚历山大城的希罗[①] 发明了某种初级的蒸汽机前身。所缺少的只是罗马工程师本应该在注视水壶沸腾这样细小的过程中，对蒸汽的推动力留下深刻印象。

人类的历史与逐步蓄力的技术进步之间的关系还没有被摆正。过去 100 年里，先进的科学与发达的技术结合，就此开启了一个新纪元。

公元前 1000 年前后，写作的艺术终于普及了，第一个伟大的文学纪元随之发轫。在那以前，写作还在晦暗不明的

---

① 希罗（Hiero），古罗马数学家，居住于罗马行省的亚历山大利亚。他发明了一种叫汽转球的蒸汽机。——编者注

起源阶段，用于传统宗教仪轨和政府档案、编年史这样的官方用途。如果我们认为，在过去，一种新发明的完整形态在刚出现时就已经被预料到了，那是大错特错的。甚至今天都并非如此，而我们都已经习于思考新观念的种种可能性了呢。但古人有另一种思维方向，创新进入社会体系的速度很慢。于是，作为一种对保存个人新思想有刺激作用的事物，写作才在东地中海的边缘地带慢慢站稳脚跟。当希腊人和希伯来人终于充分意识到写作的潜力时，文明就出现了一个新转折；尽管希伯来思维方式直到 1000 年后基督教诞生时才发挥了普遍影响力，但希伯来先知现在就在记录自己内心的想法了，希腊文明也开始成形了。

　　我想要说明的是，当我们从大尺度视角来探讨历史——这对理解罗马图景的背景和前景是必不可少的，传统历史叙事尺度下的连续政治事件编年史就彻底不见了。就连文字阐述都在部分程度上融入了背景。我们必须利用模型、图画、示意图和表格来展现技术发展的典型实例及其对当代生活模式的影响。同理，艺术与功用、与宗教有着不寻常的融汇关系，它既表达了人内心里实际存在的意象，又通过表达本身改变了意象。孩子们可以去看过往时代艺术的模型和图画，有时还可以去博物馆参观原件。讲历史绝不能一上来就是总结陈述，而要从具体例子入手，展现时代、生活方式、民族的缓慢更迭。

对待东地中海的文学史同样要具体。想一想，古典学重要性的主张完全建立在一个基础上，那就是一手知识无可替代。既然希腊和罗马是欧洲文明的奠基者，那么了解历史首先就意味要对希腊人和罗马人的思想有一手知识。于是，为了将罗马的图景置于适当的背景下，我主张学生应该亲自阅读几篇希腊文学的范例。当然肯定要读译文。但是，我认为希腊语原文的直译要优于英国人对希腊原文的评述，不管评述得有多好。学生应该先对希腊有一定的直接认知，然后再读希腊主题的专著。

我所说的阅读指的是韵文译本《奥德赛》、希罗多德《历史》选段、吉尔伯特·默里（Gilbert Murray）翻译的剧本歌队唱词、普鲁塔克《希腊罗马名人传》选段（尤其是马塞拉斯传里关于阿基米德的段落），还有希斯（Heath）学术直译版的欧几里得《几何原本》中的定义、公理和一两条命题。在这些阅读材料中，解读要恰到好处，足够呈现作者当时的心境就够了。罗马在欧洲的地位之所以光辉灿烂，是因为罗马为我们留下了双重遗产。罗马接受了希伯来人的宗教思想，并将其与希腊文明融合，传给了欧洲。罗马本身代表着组织和统一在活跃多元要素上留下的印记。罗马法体现了罗马伟大的秘诀；在钢铁般的帝国框架之下，罗马又有斯多亚学派对人性切身权利的尊重。欧洲总是因为自身那多样化的、爆炸性的传承而分裂，同时又因为罗马打下的永远无法摆脱的统一印记而团结。欧洲的历史，就是罗马控制希伯来人与希腊人的历史，希伯来人和希腊人在宗教、科学、艺术、物质享乐、征服欲方面都有着不同的冲动，而且这些冲动都是针锋相对的。罗马的愿景就是统一文明的愿景。

第六章　数学课程

除非我们回溯到数个世纪前中世纪学识传统分裂的时代，否则就找不到当今教育状况的对应物。当时和现在一样，尽管传统思想视野取得了显著成功，并由此获得了正当的权威地位，但对于人类的志趣来说，它已经变得太过狭隘。人类志趣变迁的结果是，教育的基础也需要发生相应的变化，以便让学生适应长大后会实际占据其头脑的观念。任何人类社会思想视野发生重大根本变化之后都必然是教育革命。由于牵涉的利益因素，或者部分思想界领袖执着于自己的那一套观念——在他们还有可塑性的年纪，他们在那套思想中获得了精神激励——革命可能会延后一代人的时间。但教育要有生命力和时效性是无法改变的定律，在这条定律的指导下，我们必须把新观念告诉学生，并创设新课程，让学生能够领会自身所处时代的思想。

世上没有在真空中产生的成功教育体系，也就是说，没有脱离既有思想氛围的教育体系。非现代化的教育，它就像所有老朽生物那样，有着因保存时间过长而腐朽的命运。

但是，"现代"这个美好的词语其实并未解决我们的困难。关于现代思想，我们指的是观念传授或能力培养方面。在这个意义上，昨天才刚刚发现的东西实在算不得"现代"。它可能属于某种在上一个时代流行的过时思想体系，也可能是太过晦涩，后一种情况的可能性要大得多。当我们要求教育应当与现代思想相关时，我们指的是文明社会中普遍传播的思想。我今天下午做这次发言，主旨正是晦涩深奥的学科不适用于普通教育的问题。

对数学家来说，这其实是一个相当敏感的话题。外行人容易批评我们这门学科晦涩。让我们迎难而上，坦率地承认：在大众看来，数学就是晦涩的典型范例。我用"晦涩"这个词，不是指难度大，而是指涉及的概念是高度专门化的应用，而且很少会影响思想。

可能会毁掉数学在人文教育中的功用的典型弊病，正在于晦涩。只要数学教育死守着晦涩不放，我们就只能容忍受教育人群整体数学水平极其低下的状况。论对扩大数学教育涵盖范围的迫切心情，我不输给任何人。实现这一目标的方法不是盲目单纯地要求增加数学课。我们必须直面真正阻碍数学教育拓展的难题。

这个学科晦涩吗？从整体来看，我认为是的。Securus judicat orbis terrarium[①]，流俗之见不虚。

存在于数学家头脑与数学专著里的数学确实晦涩。它的做法是从一般概念中推导出无数个特殊结果，这些结果一个比一个晦涩。我今天下午的任务，并非为作为一门高深学科的数学辩护。它自己能管好自己。我想要强调的是，数学让数学家欣欣然的原因，也正是妨碍将数学用作教育工具的原因——这些原因是，数学从一般性命题的相互作用中推导出无限丰富的结果，推导过程复杂，结论与缘起表面看上去八竿子打不着，推导方法多样，还有纯粹的抽象性，这种性质带来的回报是永恒真理。

当然，这些特点对学者来说都是无价珍宝。千百年来，一些思维最敏锐的人都为此着迷。我只想说一点，除了那些

---

① 此句引自圣奥古斯丁的著作，意为"天命难违"。——编者注

天赋高的人以外，这些特点在教育中是至关重要的。学生被纷繁的细节搞糊涂了，这些细节与宏大思想或日常观念都没有明显的关联。若想要数学发挥良好的教育价值，最不应该的做法就是延伸这种教学思路，要求学生掌握越来越多的细节。

我们得出的结论是，数学若要用于普通教育，就必须接受严格的筛选和调整。我的意思不是说，不管我们为这门学科投入多少，普通学生都取得不了多大成就。我的意思是，不管进步多么有限，我们都必须严格排除数学的某些特征，这在任何阶段都是自然之理。呈现给年轻学生的数学必须去除晦涩的一面。面对这种状况，数学必须用简单直接的方式来讲解少量具有普遍意义的一般性概念。

现在，就数学教育改革而言，当代教师或许会对改革成就怀有一种合情合理的自豪感。他们表现出了极大的改革热情，而且取得了被认为不可能在短时间内达到的成就。人们并不是总能认识到，改变一门以公共考试为后盾，地位根深蒂固的课程是一项何其艰难的任务。

尽管如此，巨大的进步已经实现了。至少，老旧僵死的传统已经被打破了。今天下午，我想要指明重建工作应当遵循的指导原则。我已经对此有了一句总结：我们必须以消除数学教育中的晦涩为目标。

在做课程规划时，我们只应该呈现一系列具有明显重要性的观点。所有花哨的题外话都应该被严格排除。我们的目标是学生应该熟悉抽象概念，应该明白抽象概念是如何应用于具体特定情况的，也应该知道如何运用一般性方法进行逻辑探究。按照这种教育理想，最坏的情况莫过于课本里各种定理的盲目堆砌。这些定理之所以能取得这样的地位，只是因为可以逼孩子去学它们，考官也可以将这些简明的问题摆到学生面前。学生要学的课本知识都应该是非常重要且鲜明的概念。例子——教师认为必要的例子越多越好——应该会直接说明定理，可能是通过抽象的特殊情况，也可能是通过具体现象应用。值得一提的是，简化课业是相当无用的，如果考试中的例子确实需要大量晦涩细节的话。有一种误区，认为做题考查的是能力和天分，看教材考查的是死记硬背。我的经验并非如此。只有为了学业专门死记硬背过的学生才能做好卷子。布置得当的书本知识——不是那种通常编排不良的碎片信息——是一种更为优越的能力考查，前提是辅以直接的例子。不过这段偏题了，它讲的是考试对教学造成的恶劣影响。

数学的基础核心概念并不都是晦涩的。它们虽然抽象，但人文教育纳入数学的主要目标之一，正是训练学生处理抽象概念。数学是我们头脑中自然以精确形式出现的第一批抽象概念。以教育为目标的数学包含数的关系、量的关系和空间的关系。这不是对数学的一般性定义，在我看来，这门学科的一般程度要高得多。但我们现在讨论的是教育中用到的数学。数、量、空间这三组关系是相互关联的。

现在，我们在教育中是从特殊到一般。于是，儿童应该通过简单的例子来学习概念运用。我的观点是：目标不应该是漫无目的地积累特殊的数学定理，而是最终认可学生在之前的多年学习中已经明白了数、量、空间这些具有根基性意义的关系。这种训练将构成所有哲学思考的基础。事实上，构思妥当的初等数学恰恰能给予那种普通人都能掌握的哲学训练。但是，无意义的细节积累是我们应当不惜一切代价去避免的做法。你想举多少例子都可以，让孩子们用好几个学期，或者好几年的时间来摆弄这些例子吧。但是，这些例子应当能直接呈现主要概念。这样一来，也唯有这样，我们才能免于致命的晦涩。

我现在不是专门针对有志成为专业数学家的人，或者因专业需要掌握某些细致数学知识的人。我们的考察面向所有学生的人文教育，包括前面两类人在内。这种普通数学教育应当是简单学习几条一般性真理，辅以现实例子的充分说明。这种学习应当自成一体，在理念上与前面提到的专业研究完全分离，同时又是专业研究的良好预备。它的最后阶段应当是认可先前学习呈现的一般性真理。就我所知，目前最后阶段教的是圆形与三角形相接或相交的性质。这些性质会让数学家兴趣盎然。但它们难道不是太晦涩了吗？而且这些命题与人文教育的理想到底有什么关系呢？古典学学生的语法课上到最后都是读维吉尔和贺拉斯——最伟大作者的最伟大思想。如果我们追求在教育中充分展现我们自己的学科，那么，难道我们只要说"数学学习的终点是学生应当知道九点圆的性质"，对方就满意了吗？我诚恳地问各位，这是不是很掉价？

这一代数学教师已经付出了大量心血，努力重新编排数学教学，所以我们无须担心他们没有能力设计出一套课程，这套课程能够在学生心中留下某种甚至比"二义情况"还要高深的思想。

让我们来想一想，针对比较聪明的学生，小学末尾的回顾阶段要如何开展教学。毫无疑问，总览之前学过的整体课业是必须做的一部分内容，总览时应当忽略不必要的细节，以便强调用到的一般性概念，以及这些概念在未来学习中可能会有怎样的价值。另外，应当在物理实验室中开设一门简单的力学实验课，让学生亲身应用分析与几何概念。这里要有双重视角，物理学概念与数学概念是交相辉映的关系。

数学概念对精确表述力学定律至关重要。学生就会在实践中明白精确自然定律的概念，这些定律的精确程度已经在实验中得到了验证，学生还会明白抽象思维在定律表述中扮演的角色。整门课的主题都需要详细阐发，配上完整的具体演示，而且教师不能暗示学生只需要掌握几道光秃秃的抽象命题。

但是，如果过分强调单纯的阶段末回顾，对先前课业进行直接解释，那会是严重的错误。我的观点是，在选择课程后半段的内容时，应当切实凸显先前所有数学课业中蕴含的一般性观念。这完全可以通过表面上开设新科目来做到。比方说，量和数的概念对所有精确思维都至关重要。在之前的阶段中，两者没有做严格区分，孩子们不用太关注量的概念，就被推进了代数课，这样做并无不妥。但是，如果让学生认真思考"量"的一般基础性质，从而引出数值测量，那么对比较聪明的孩子会大有裨益。这个主题还有一个好处，那就是要用到的教材就在手边。在有资格评判的人看来，欧几里得《几何原本》第五卷是希腊数学取得的胜利之一。它讨论的就是这个点。传统数学教育无可救药地缺乏人文气质，最典型的表现莫过于这篇著作一直遭到忽视。它探讨的是概念，因此被摒弃了。当然，我们需要认真筛选价值更大的命题，用心改写论证过程。学生不需要读全篇，只需读几条体现核心思想的命题。这一科不适合那些落后的学生，但比较先进的班级肯定会感兴趣。关于量的本质，以及处理定量问题时应当采用的检验方式，课堂上有意义的讨论空间会很大。功课不会完全是空中楼阁，而是每一步都有现实案例的参照，在这些案例中，量的属性可能是缺失的、模糊的、可疑的，也可能是确实的。温度、热量、电流、愉悦与痛苦、质量和距离都应该讨论到。

另一个需要阐明的概念是函数。数学中的函数，就相当于物理宇宙里的定律，几何学里的曲线。儿童从刚开始上代数课时就学过函数与曲线的关系，也就是绘制函数图像。近年来，函数图像方面出现了重大改革。但在目前阶段，改革的步子要么太大，要么还不够大。仅仅会画图是不够的。为了让图像发挥实效，图像背后的概念——就像枪后面的人一样——才是重要的。目前有一种倾向是只要求孩子画曲线，这就完全偏离主题了。

通过学习简单的代数函数和三角函数，我们便走进了精确表述物理定律的大门。曲线是表述定律的另一种方式。简单的基本定律——比如平方反比律和直线距离最短律——应该在回顾阶段加以考查，还应该讨论如何用简单函数来表达重要的物理定律。我不禁在想，这一科的期末回顾可以采取这样的形式：结合简单函数应用来学习一些微积分的主要思想。变化率概念本身并不是特别困难，对 x 的数次幂（比如 x^2、x^3 等）求导也很容易；而且或许在几何的辅助下，学生甚至能对 sin$x$ 和 cos$x$ 进行求导。只要我们放弃向孩子灌输他们根本不理解、也永远用不到的定理的致命习惯，他们就会有大量时间专注于真正重要的主题。我们可以让他们熟悉真正对思维有影响的概念。

在结束对物理定律和数学方程的讨论之前，我们还有其他几点要注意。精确定律不可能在观察中得到完全精确的验证，这个事实容易说明，也有精彩的例证。统计规律，也就是用大量数据求平均数才能满足的规律，学起来和展示起来都简单。事实上，稍微学一点统计学方法及其在社会现象中的应用，我们就能得到应用代数概念的最简单的例子之一。

拓宽学生观念的另一种途径是数学史。这里讲的数学史不仅仅是一堆日期和人名，而是要呈现前人最初产生兴趣、阐发概念时的总体思路。我现在只是想引起大家的注意，指出这或许正是最能够实现我所呼吁的目标的科目。

我们已经讲到了两大主题，分别是量的一般概念和自然法则，两者都应该是人文教育内数学课程的学习对象。但数学还有不可忽视的另一面，它是建立逻辑方法条理的首要工具。

那么，什么是逻辑方法，它又要如何训练呢？

逻辑方法不只是掌握有效推理类型的知识和遵循有效推理类型所需的专注力的实践练习。如果只是如此的话，它依然会非常重要，因为古代人脑进化不是为了做推理，而只是为了让人在用餐之余能更好地打猎，获取新鲜的食物。于是，很少有人能在不经过大量练习的情况下做严密推理。

要做一名好的推理者，甚至只是用推理这门技艺的内核知识来启蒙大众，所需要做的事情都不止于此。推理技艺的要旨是提纲挈领，抓住几条能阐明整体的一般性概念，并坚持围绕这些概念来梳理所有辅助性的事实。除非一个人通过不断练习，意识到抓住宏旨并死死握紧的重要性，否则他不可能成为好的推理者。就这种训练而言，我认为几何优于代数。代数的概念域相当含混，空间则是一个显而易见、人人都懂的东西。接下来，简化过程，或者说抽象过程本身就是一种教育，过程中颜色、味道、重量等所有无关的物质属性全都被忽略掉。另外，定义和无证明的预设都表明，对研究对象及其相互关系的基本事实形成清晰概念是必要的。这些都仅仅属于课程的绪论罢了。随着课程的展开，它的优越性还会增加。学生起初不用面对任何符号，符号的规则会造成记忆力的负担，再简单的规则都一样。另外，如果运用得当的话，推理将自始至终受到明晰概念的支配，这些概念引导着前进的每一个阶段。于是，逻辑方法的本质就会得到直接的例证。

现在，我们暂且把普通学生头脑木讷带来的限制，以及其他科目造成的时间压力放到一旁，来思考几何学在人文教育中的价值。我会把这一科的学习分为若干阶段，意思并不是学生必须只能按照这个顺序学习。第一阶段是学习"全等"。在现实生活中，全等的感受来自一种判断，我们认为物体的内在性质不随外界环境而变化。但不管全等是怎么来的，它本质上都是空间中两片区域里的点的——对应关系，所有同调距离和同调角都相等。请注意，长度和角度相等的定义就是全等，而包括尺子在内的所有检验是否相等的办法，都只是方便直观判断全等与否的手段。我讲这些是为了说明，就算不考虑相关的推理过程，全等也是很值得认真研究的，不管是把它当作一个更广大的、内涵极其丰富的概念的例子，还是单纯为了它本身。相关命题阐明了三角形、平行四边形、圆形和两平面关系的基本性质。将这一部分的定理证明限制在最小范围内是非常有利的做法，一部分是通过添加冗余的公理，另一部分是通过只介绍具有绝对基础价值的命题。

第二阶段是学习"相似"。它可以简化为三条或四条基本定理。相似是全等概念的拓展，而且与全等一样是空间里点的一一对应关系。几何学习中的任何一次拓展都是沿着相同的方向，是考察相似且有相似位置的直线形的一个或两个简单性质。整门课都会在平面图和地图中得到直接应用。但记住一点是重要的：主要几何定理运用于实践的方法其实是三角学。

第三阶段是三角学原理。这一部分学习的是图形旋转带来的周期性，以及相似图形中保持不变的性质。在这里，我们第一次引入了少量基于数和量的代数分析。教师需要透彻讲解函数的周期性。为了解算三角形和后续在测绘中的应用，学生只需要掌握函数最简单的性质。我们的教材中充斥着大量公式，它们本身往往是很重要，但对此类学习完全无用。它们必须被严格排除，除非是学生自己能够证明，而且能是课本知识的直接例证的公式。

最能说明排除公式问题的方法，就是来看这个三角学的例子，尽管这可能是我判断失误。若能将课程范围限制在只涉及一个角的三角学，删掉正弦相加公式、余弦相加公式与两角和公式的话，那么三角学的主要教育价值就能够达到了。学生会画函数图像，也会解算三角形了。于是，我们就通过课本知识和例子的方式，在学生头脑中刻下了三角学的三方面内容：（1）三角学以解析方式体现了若干由全等和相似概念推导得出的定理的直接结果；（2）三角学是解决测绘主要问题的一种方法；（3）三角学研究了表达周期和波动所需要的基本函数。

如果要拓展的话，我们可以把相加公式加进去。但应该小心排除专门化，不要让学生钻进接踵而至的一连串公式里面。"排除"的意思是，学生不应该投入时间或精力去掌握推导这些公式的能力。教师可能会觉得在全班面前做几道这样的例题挺有趣。但这些结果不在学生需要记住的范围之内。另外，我还会把内接圆和外接圆全部从三角学和之前的几何课程中排除掉。这些东西是很重要，但我不明白把它放在初等非专业课程中有什么意义。

据此，实际课本内容就缩减到了非常容易处理的比重。前两天，我得知一家美国文理学院的学生仅三角学一门，就被要求记住 90 条公式或结果。我们还没有坏到那个程度。事实上，就小学课程里的三角学而言，英国已经非常接近上面勾勒的理想状况了。

第四阶段是引入解析几何。代数课里的函数图像已经运用了解析几何的基本概念，现在只需要开一门严格精简的课程，内容是用方程形式定义直线、圆形和三种圆锥曲线。这里有两点要谈。第一点，教给学生不加证明的数学信息往往是有益的。以坐标几何为例，二级方程式化简很可能超出了我们这里讨论的大部分学生的能力范围。但我们无须因此就不讲圆锥曲线的重要地位，不介绍圆锥曲线的所有种类。

第二点，我主张完全砍掉单独开设的"圆锥几何"课程。在适当情况下，直接推导某些简单图形的性质会对解析几何的分析有启发，这是自然的。但圆锥几何的起点是通过焦点和准线性质来定义圆锥曲线，这门课有着显著的缺陷。它晦涩得无可救药。在这个阶段，这门课里的圆锥曲线基本定义是 $SP=e \cdot PM$，简直糟糕透了。它非常晦涩，也没有明显的价值。我们到底为什么应该研究圆锥曲线呢？它比那些用数不清的其他公式定义的曲线好在哪里？但当我们学习了笛卡尔的几何学方法后，一次方程和二次方程自然就是首先要讨论的东西了。

在理想的几何课程中，第五阶段是射影几何入门。这里的基础是交比和投射这两个一般概念。我们之前讲全等和相似时已经谈过一一对应了，投射是一一对应的一个更一般的例子。我们依然必须避免细节繁多迷人眼的危险。

射影几何要表达的思想观念是：在推理中，将所有可以证明具有某些相同共性的情况联系起来是重要的。投射中保持不变的射影性质是这门课的最重要教育理念。交比只是作为保持不变的基本度量性质出现。选出几道命题来考察的目的，是为了说明两个必须这样做才能讲解的相关过程。一个是简化证明法。这里的简化是心理层面的，而非逻辑层面的——因为从逻辑角度看，一般情况就是最简单的。我的意思是：通过考察我们事实上最熟悉，或者最容易想到的情况来证明。另一个是从已知的一般真理推导出特殊情况，前提是我们有办法发现这些情况，或者有检验这些情况的标准。

射影几何中的圆锥曲线定义，还有从一般二次方程推导出曲线，再从曲线得出的结果的性质，这些都容易展示，却属于这门课的边缘内容。这就是那种我们可以介绍，不要证明的主题。

这里构思的完全理想的几何课程——理想是永远不可能实现的——并不长。各阶段课业实际包含的数学推导量都很小。但给学生的解释要多得多，每一个命题都要配展示例题，可以直接给出答案，也可以要求学生自己解题。例题的选择标准是说明命题运用于哪些思想领域。通过这样的课程，学生能够分析空间的主要性质，还会掌握探究空间性质所用的主要方法。

按照上述精神，基础数学教育是逻辑方法训练，同时学生还会掌握一些精确概念，这些概念是科学与哲学探究宇宙的基础。这一代人已经实现了数学教学领域的卓越改革，那么继续改革的脚步，将这种更宽广、更有哲学意味的精神纳入课程，是否容易呢？坦率地讲，我认为凭借个人努力是很难达成的。出于我已经简要说明过的原因，所有教育改革都很难奏效。但是，只要教师群体确实心存理想，那么共同努力带来的持续压力就会有大的成果，最终达到令人惊喜的改良。所需的书籍会逐渐写成，降低解题技巧比重的考试改革会以比较慢的步调逐渐发生。而且所有近年来的经验都表明，凡是能够让数学免遭机械刻板之谴责的切实手段，大部分教师都会欢迎不已。

第七章　大学及其功能

I

大学快速扩张是当代社会生活的一个显著特征。这场发展运动通行于所有国家，但在美国尤甚，美国由此取得了荣誉地位。然而，幸事福祉也可能会带来不堪忍受的重负，在缺乏关于大学主要应该为国民发挥何种功能的普遍认识的情况下，大学数量、规模、内部机构复杂程度的增长都暴露出了一些危险，会摧毁大学益处的根源本身。就反思大学功能的必要性而言，这些话适用于所有发达国家，只是对美国尤其适用而已，因为美国在一项进步事业中占据了领先地位，这项事业如果能得到明智引导的话，可能会成为人类文明有史以来最美好的进步之一。

本文只会讨论最普遍的原理，尽管任何大学的各个院系都会有数不胜数的特殊问题。但是，普遍性是需要阐述的，因此我选择了一所大学的商学院。选择的依据是，商学院代表着大学活动的新近发展之一。商学院与现代国家的主流社会活动关系也尤为密切，因此是探讨大学活动应当如何影响国民生活的合适例子。另外，在我有幸任教的哈佛大学，规模宏大的新商学院大楼地基工程刚刚竣工。

全球首屈一指的大学设立这样一所学院，规模又这么大，还是有点新鲜的。它标志着一场运动的高潮，在过去多年里，这场运动已经在全美国的大学里引入了类似院系。这是高等教育界的一个新状况，它就此足以证实一些普遍思考的正确性，思考的主题是大学教育的目的，及其对社会有机体健康的已经得到实证的重要意义。

商学院之新绝不能夸大。大学从来没有局限于纯粹抽象的学问。欧洲最古老的大学，意大利的萨勒诺大学①就是研究医学的。1316 年，英国的剑桥郡建立了一所学院，目的

---

① 萨勒诺大学（University of Salerno），欧洲最早的医科大学。——编者注

是专门培养"为国王效力的官员"。大学培养了神职人员、医生、律师和工程师。如今，经商是一门高度知识化的工作，所以很契合这个序列。不过，它在这个意义上是新的：适合商学院的课程与各种活动模式尚处于探索阶段。因此，结合商学院的框架回溯普遍原理有着特殊的重要意义。但是，如果我要涉足具体细节的考量，甚至插手商学院整体课程的配置方针，那就是僭越了。我对这些问题并无专门了解，因此没有建议要提。

II

大学是教育机构，是研究机构。但大学存在的主要原因，不仅仅在于传授给学生的知识，也不仅仅在于为教师提供的研究机会。

这两项功能都可以脱离这些耗费极高的机构，以更低的费用实现。书本是便宜的，学徒制度也为人熟知。如果只考虑传授知识的话，那么自15世纪印刷机普及以来，大学就没有存在的理由了。然而，创办大学的动力主要就是在15世纪之后出现的，近年来甚至还有所加强。

大学存在的理由是，它将年轻人和老年人联合起来，开展富有想象力的学术研究，从而保存了知识与生命热忱之间的联系。大学的确传授知识，但它以一种富有想象力的方式传授。至少这是大学应当为社会履行的功能。做不到这一点的大学没有存在的理由。富有想象力的思考产生了活跃兴奋的氛围，这种氛围又改造了知识。事实不再是单纯的事实，它承载着种种可能性。它不再是记忆的负担，它赋予我们能量，是梦想的诗人，是人生意义的建筑师。

想象不能脱离事实，它是照亮事实的一种方式。它提取出适用于既成事实的普遍原理，然后在头脑中考察与这些原理相符的其他可能性。它让人得以建构出新世界的思维图景，也会提示令人满意的目标，从而保存生活的热情。

青春是富有想象力的，如果想象力得到了训导的强化，那么想象的能量就能在很大程度上延续终生。世上的悲剧是，有想象力的人没有经验，有经验的人想象力差。愚人不懂知识，凭想象做事；学究缺乏想象力，凭知识做事。大学的任务就是将想象和经验融为一体。

青年人活力充沛，一开始对他们的想象力施加训导时有一条要求，就是不能要求学生对直接行动负责。当人们每天的任务就是维持某种具体的条理秩序时，他们就不可能养成无偏见思考的习惯，而人正是借助这种习惯，才能发现衍生自普遍原理的理想层面的繁多例示。你必须有想对和想错的自由，以及欣赏宇宙的缤纷多姿而不被世间艰险所搅扰的自由。

这些关于大学整体功能的思考，马上就能转换到商学院的特殊功能上。我们无须畏惧这样的说法，即商学院的主要功能是培养有经商热情的人才。如果认为生命热忱来自庸俗的目标、狭隘乏味的物质享乐追求，那是对人性的诽谤。人类通过开拓的本能和上百种其他方式，宣告了那是虚假的谎言。

在复杂的现代社会中，生活的探险不能脱离思想的探险。在更简单的环境里，拓荒者可以追随本能的呼唤，爬到山顶，让眼前景象指引自己的方向。但在复杂的现代企业组织中，任何成功的结构调整之前都必须经历一场思想的冒险，要做分析和设想。在更简单的世界里，业务关系更单纯，基础是直接与人接触，直接面对所有相关的客观条件。今天的企业组织需要用想象力去领会不同职业人群的心理；散布在城市、山区和平原的人群心理；海上人、矿下人、林中人的心理。企业需要用想象力去了解热带地区和温带地区的气候条件和环境情况。企业需要用想象力去领会大型组织之间交错的利益关系，还有任何一个要素发生变化时，行业整体会做出什么反应。企业需要用想象力去理解政治经济学定律，而且不是单纯的抽象认识，更要有能力在具体企业的特殊状况下加以领悟。企业需要对政府的惯例以及惯例随条件的变化有一定了解。企业需要用一种富有想象力的眼光去看待一切人类组织的约束力，用一种富有同情心的眼光去认识人性的局限和激发忠诚效力的条件。企业需要对健康的法则、疲倦的法则、持续可靠工作的条件有一定了解。企业需要用想象力去理解工厂条件的社会影响。企业需要充分认识应用科学在现代社会中的角色。企业需要可以对他人说"是"和说"不"的原则性，这不是盲目顽固，而是对相关选项进行了有意识的评估，从而有了坚定的信念。

大学培养了我们的文明的思想先驱者——牧师、律师、政治家、医生、科学家、文学家。大学寄寓着理想，理想引领着人们去面对当下时代的困扰。朝圣先辈离开英国，要按照宗教信仰的理想建立社会。他们的早期举措之一正是创办哈佛大学，所在地剑桥得名于历史悠久的英国理想之母，剑桥是许多朝圣先辈的母校。过去，思维想象力主要属于上述其他职业，而如今，经商也需要同样类型的想象力。而促进欧洲各民族进步的思想，就是由大学来提供的。

大学在中世纪早期的起源模糊不清，几乎无人注意。大学是逐渐自然发展起来的。但是，欧洲之所以在众多领域取得了高速而持久的进步，原因就是大学的存在。通过大学的主动精神，行动的冒险与思想的冒险相遇了。我们不能未卜先知说这种组织必将成功。即便到了今天，身处一切人间事物的不完满之中，我们有时候还是难以理解大学运作是如何取得成功的。当然，大学运作中有许多缺陷。但如果从宏观历史视野来看，大学的成就是惊人的，而且几乎是始终如一的。意大利、法国、德国、荷兰、苏格兰、英国和美国的文化史都是大学影响力的见证。我这里讲"文化史"，主要指的不是学术活动；我指的是这样一些人的生命能量，他们为法国、德国和其他国家打下了种种人类成就的印记，这些成就里加入了他们的生命热忱，构成了爱国主义的根基。我们愿意成为能够取得这种成就的社会的成员。

人们从事任何的高级活动都会受到一个重大难题的妨碍。到了现代，这个难题甚至更有可能产生危害了。在任何大型组织中，年轻新手肯定都会被安排去服从命令，履行固定职责。没有任何一家大公司总裁会在办公室门口与手下最年轻的员工碰头，提出把责任最重大的公司业务交给他。年轻人工作循规蹈矩，偶尔才能在总裁进出大楼的时候看见他。这种工作是很好的训导。它传授知识，塑造可靠的品格；

而且它是年轻人在新手阶段唯一适合的工作，公司雇用年轻人就是做这些活的。这种惯例无可指摘，但它也会有一种不良后果——过长时间的常规工作会让想象力迟钝。

结果就是，在职业生涯后期至关重要的品质容易在早期被扼杀。这只是一种更普遍状况的个例：必要的技术水平只能通过训练掌握，而训练容易伤害本应指导专业技能的心理能量。这是教育中的关键事实，也是大部分教育难题存在的缘由。

为了让学生对某一脑力劳动职业（比如现代商业或传统专业）做好准备，大学应该鼓励学生动用想象力，思考那一职业的各种一般性基础原理。于是，学生进入实习期时就会具备想象力，他们之前已经运用过想象力建立具体细节与一般原理之间的联系。这样一来，常规工作就获得了意义，对赋予工作意义的原理也有启发作用。就这样，受过良好教育的人不会盲目运用经验法则干杂活，而有希望获得一种被具体事实和必要习惯所训导过的想象力。

因此，大学真正的功能是让学生以富有想象力的方式获取知识。除了重要的想象力以外，商人和其他专业人士没有理由不按照具体情况的需要，一点一点地积累事实。大学要充满想象力，否则就什么都不是——至少不会是有用的大学。

Ⅲ

想象力是一种传染病。它不能先用尺子量好长度，或者用秤称好重量，然后由院系成员交给学生。只有院系教师亲自赋予知识以想象力，才能将想象力传递给学生。我这句话只是在重复最古老的现象之一。2000多年前，古人用代代相传的火把代表学识。点亮的火把就是我说的想象力。大学组织架构的全部技艺，就是要提供用想象力点亮学识的院系。这是大学教育种种问题的总问题，如果我们不用心，没有处理好这个问题，那么近年来大学招生人数与活动种类的剧增——我们理应对此感到自豪——就不能产生良好的结果。

想象力与学识的结合通常需要一定的闲暇，不受约束，没有烦心事困扰，有丰富的阅历，还要有不同观点和不同才学的人的激发。另外，还要有好奇心带来的兴奋感，以及对周围社会取得的知识进步感到自豪，由此产生的自信心。想象力不是你一旦获得之后就可以放在冰匣里永久保存，定期按规定的数量取出。兼具学识与想象力的人生是一种生活方式，不是一款商品。

我们要为能动性强的院系提供这些条件，并让他们利用这些条件，这就是大学的两大功能，教育和研究的交汇点。你想让教师富有想象力吗？那就鼓励他们做研究吧。你想让教师富有想象力吗？那就让他们与学生思想相投吧，这些年轻人正处于人生中最积极、最有想象力的年纪，同时智力刚进入成熟训导的阶段。让研究员向头脑活跃、可塑性强、认为世界近在眼前的学生讲解自己的成果；让年轻学子与思维冒险经验丰富的教师接触，为自己的求学时代安上金顶。教育是对人生冒险的训导；研究是思维的冒险；大学应该是年轻人与老人共享的冒险之地。教育若要成功，探讨的知识必定要有一定的新意，要么是知识本身新，要么是在新时代、新环境里的新应用。知识的保鲜期不比鱼类长。你可能要探讨旧知识，一些旧真理，但给学生的一定要像是刚刚设法从海里捞出来的鱼，带着新鲜的、即刻的重要意义。

学问家的功能是在生活中召唤出智慧与美，如果没有学问家的魔力，智慧与美只会遗失在过去。进步的社会依赖三个人群——学问家、探索家、发明家。社会进步还取决于一点，那就是受过教育的大众人人都有一点学问精神，一点探索精神，一点发明精神。我这里讲的"探索"指的是高度普遍性的真理方面的知识进步，"发明"指的是普遍真理的具体应用，目的是满足现实需要。诚然，这三类人互相会有交叉，而且就参与实务的人为社会进步做出了贡献而言，他们也可以被叫作发明家。但是，任何人都有自己的功能局限和特殊需要。对一个国家来说，重点是各类进步分子要有非常密切的关系，这样学界才能影响业界，业界才能影响学界。大学是融合种种进步活动、铸造有力进步工具的主要机关。当然，这种机关不只有大学，但事实是，当今的进步国家正是大学兴盛的国家。

一所大学的原创思想产出，绝不能仅仅通过发表标着作者名字的论文专著来衡量。思想产出方式与实质内容同样因人而异。对一些思想沃土最富饶的人来说，写文章，或者其他可以归结成写文章的表达形式，似乎都是不可能完成的任务。你在每个院系里都会发现，有一些才华卓越的教师并不发表著作。他们的原创力需要与学生直接交流，以讲课或私下讨论的形式表现。这些人的影响力巨大，然而，在他们教过的那一代学生逝去后，他们也会长眠于无数为人类做出贡献，却得不到感谢的人之列。幸好他们中有一位永垂不朽——苏格拉底。

因此，按照署名著作来评判院系里每一名教师的价值是最大的错误。当今有一种落入这种错误的趋势，校方的这种态度有损于学校效率，对热忱无私的教师也不公平，我们有必要发出强烈的抗议。

但在考虑了上述情况之后，院系总体效率的一个良好检验标准还是发表成果形式的思想贡献大小。这个大小的评判标准不是字数多少，而是蕴含思想的轻重。

上述概览表明，管理大学院系与管理企业组织是不同的。高水平大学事业的唯一有效保障是院系的公论，以及教师对大学目标的普遍热忱。院系应该是相互激发，自由决定各自活动的学者团体。你可以确定某些形式要求，上课要按时按点，教师和学生都要出勤。但是，问题的核心在所有规章之外。

教师公平待遇问题与此关系不大。只要工作时间和薪酬符合法律规定，聘用一个人承担任何合法的工作都是完全公平的。没有人非接受一个岗位不可，除非他确实想要。

唯一的问题是，何种条件能够组建让大学顺利运转的教师队伍？危险的地方是，我们很容易组建出完全不合格的教师队伍——院里全是效率非常高的迂腐迟钝之辈。直到这所大学摧折了好几十年的青年人前途之后，大众才会发现端倪。

各大民主国家的现代大学制度若要成功，最高当局必须发挥特殊的约束作用，要记住大学不能像普通企业那样按照规章制度来管理。商学院也不例外，应当遵循大学的这条定律。最近有多位美国大学校长就此话题公开发声，我实在没有什么好补充的。但是，在美国或其他国家，掌握实权的那一部分公众到底会不会听从他们的建议，这似乎是值得怀疑的。从教育这一方面看，大学的要义全在于让年轻人受到富有想象力的学者团体的熏陶。我们没有别的办法，只有认真关注能够形成这种团体的条件，经验已经表明了这一点。

IV

就历史和名望而言，巴黎大学和牛津大学是欧洲排名前二的大学。我谈到我的祖国是因为我最熟悉它。牛津大学或许犯过许多错。尽管有种种缺点，它一直保持着一个最重要的优点，所有小毛病相较之下都渺如尘埃，那就是：数百年来，在它的漫长历程中，牛津大学自始至终培养出了怀着想象力做学问的学者团体。仅凭这一点，任何热爱文化的人想到牛津大学时都会不禁动情。

但是，我的确用不着跨越大洋来寻找例子。《独立宣言》

的作者杰斐逊先生①称得上是最伟大的美国人。他有着多种多样的圆满成就，由此，他自然要跻身于有史以来的极少数伟人之列。他创办了一所大学，并将繁杂才艺中的一面倾注其中，确保校园的各个方面都能激发想象力——校舍美，环境美，还有种种设施与组织方面的激励。

美国还有多所大学能显示出我讲的道理，但终极的范例还是哈佛大学——清教运动的代表性大学。17世纪和18世纪的英国清教徒是想象力最炽烈的人群。他们外在表现拘谨，而且对形体美的象征意义心怀恐惧，但他们确实承受着精神真理的强烈压力，他们在用思维想象着这些真理。那两个世纪的清教徒院校肯定是富有想象力的，他们培养出了闻名全球的伟人。后来，清教思想有所缓和，而到了新英国文学的黄金时代，爱默生（Emerson）、洛威尔（Lowell）和朗费罗（Longfellow）在哈佛大学留下了自己的印记。再后来，现代科学纪元逐渐走来，又有了威廉·詹姆斯（William James）这位典型的富有想象力的学者。

今天，商业来到了哈佛大学；这所大学献出的礼物正是

---

① 托马斯·杰斐逊（Thomas Jefferson，1743—1826），美国第三任总统，《独立宣言》（*Declaration of Independence*）（1776）的主要起草人，创立了弗吉尼亚大学。——编者注

古老的想象力，那支代代相传的火炬。它是一件危险的礼物，曾多次引发大火。如果我们胆小害怕那种危险的话，正确的做法就是关掉大学。想象力是一种往往与商业民族相联系的礼物——希腊人、佛罗伦萨人、威尼斯人，还有荷兰的学术和英国的诗歌。商贸与想象力是共同繁荣的。凡是希望祖国取得雅典那样的不朽伟业的人，都会为祖国祈盼这份礼物：

> 雅典公民，精神宏远，
> 从过去统治着现在。

美国教育也必须追求不亚于此的理想。

第八章　思想的组织

本次发言主题是思想的组织，这个话题当然可以有许多种不同的探讨方式。我具体想介绍一下与我本人研究相关的逻辑学。不过，如果我有能力的话，我很想在介绍过程中阐述逻辑学与某些科研活动整体的基础因素。

科学发展已经进入到了组织时代，这并非偶然。有组织的思想是有组织的行动的基础。组织是对各种要素进行调整，使要素间的相互关系表现出某种预定的性质。史诗是组织的胜利。优秀的史诗本就难得，因此堪称胜利。史诗将海量的语音与意象、寻常事情与情感的生动记忆都成功地组织到一起，再加上对大事件的独特叙述：整体编排是为了激发情绪，按照弥尔顿的定义，是纯粹、感性、强烈的情绪。优秀史诗的数目与组织这项使命显而易见的难度成比例，或者说成反比。

科学是思想的组织。但史诗的例子告诫我们，并非任何一种思想的组织都是科学。科学是某种特定类型的组织，我们接下来会努力确定它的类型。

科学是一条有两个源头的河流，一个源头是实践，一个源头是理论。实践的源头是指导行动，达成预定目标的欲望。比方说，大不列颠民族为了争取正义而求助于科学，科学教国民明白了氮化合物的重要意义。理论的源头是求知欲。现在，我要强调理论在科学中的重要性。但为了避免误解，我要郑重声明，我并不认为哪一个源头比另一个源头在任何意义上更高贵，或者本质上更有趣。我不知道为什么求知就比忙于合理安排行动更高贵。两边都有阴暗面，指导实践有用意不良的，求知好奇心也有卑劣的。

科学的理论面甚至在实践中也是重要的，原因在于，行动必然发生在当下，而且发生的条件极其复杂。如果我们等到不得不行动才去整理思想，在和平时期，我们就会失去贸易；而在战争中，我们将失去胜利。实践的成功要依赖先到一步，而且恰好研究了相关概念的理论家，他们探索的动机在实践之外。我这里讲的理论家不是飘在云上的人，而是渴望正确表述事物真实规律的人。这种渴望才是理论家的思想驱动力。成功的理论家应该对眼前事件特别感兴趣，否则就根本不可能得出相关的正确理论。当然，所有人身上都有科学的两个来源。

那么，这种叫作"科学"的思想组织是什么呢？有识之士会注意到现代科学的第一个特征就是归纳。关于归纳法的本质、重要性和归纳逻辑的规则，已经有一长串思想家探讨过了，尤其是英国思想家：培根、赫歇尔、J.S.密尔、维恩、杰文斯等。我不会去分析归纳过程。归纳是工具，而非成果，而我想要讨论的是成果。理解了成果，我们也就能更好地改良工具了。

首先，有一点是必须强调的。人们在分析科学过程时，有一种倾向，假定自然界有一组给定的适用概念，自然界事物的关系服从这些显而易见的概念，并将发现自然规律设想成一个选择过程，通过归纳逻辑从一组表述明确的备选自然界事物之间关系中选出一个。在某种意义上，上述假设相当正确，尤其是在科学发展初期。人类发现自己掌握了某些关于自然的概念——比如，物体持存的概念——接下来就是确定法则，这些法则描述了对应的自然界规律。但是，法则的表述改变了概念，有时是提高精确度这样的温和改变，有时则是剧变。起初，这个过程并未得到多大关注，或者至少可以说，人们觉得这个过程限定在狭小的范围内，不会触动根本观念。到了我们今天所处的阶段，实证法则建立了我们所理解的宇宙间事物之间的联系，而概念表述与法则表述可以被认为同样重要，比如生命、遗传、物体、分子、原子、电子、能量、空间、量、数这些概念。我并不是要武断地给出这种概念的最佳正确表述，当然，这只有亲自研究具体问题的人才能做到。成功从来不是绝对的，方向正确的进步也是一个缓慢的渐进过程，要持续对观念和事实进行比较。成功的标准是能够得出实证法则的表述，也就是将我们理解的宇宙各部分关联起来的关系命题。法则应当有这样的性质：宇宙由此被理解为一个相互关联的整体，而我们可以将生活中发生的真实事件解读为关于这一整体的局部知识。

但是，就科学目的而言，什么是真实世界？科学必须先等形而上学争论结束，然后才能确定自己的研究对象吗？我要说，科学的出发点要平凡得多。我们的生活经验是由知觉、感受与情绪的流变构成的，而科学的任务就是发现存在于其内的关系。视觉、听觉、味觉、嗅觉、触觉和其他更原始感受呈现的全景就是科学唯一的活动领域。在这个意义上，科学是经验性的思想组织。这个领域是由实际经验组成的，最显而易见的特征就是无序。它对每个人来说都是一个连续体，是碎片化的，包含着没有明显分化的元素。比较不同人的感觉经验自有其困难。我坚持主张，科学起始于实际经验领域，而这是一个完全混乱的、不和谐的领域。在建构科学哲学时，把握这条根本真理是智慧的第一步。语言的影响掩盖了这个事实，受科学塑造的语言将精确概念强加给我们，仿佛概念代表着直接的经验。结果就是，我们想象自己对世界有直接的经验，而世界由具备完全定义的物体构成，物体包含在具备完全定义的事件里，事件发生的时刻是精确的，事件所处的空间由精确的、不能分成部分也没有量级值的点组成，这些都是我们通过感官能直接获知的：科学思想追求的目标就是这样一个整洁、简约、规整、精确的世界。

我的看法是，这个世界是理念的世界，它的内部关系是抽象概念之间的关系。确切阐述这个世界与实际经验感觉之间的关系是科学哲学的根本问题。我邀请你们思考一个问题：精确的思想何以会适用于破碎的、模糊的感受连续体？我并不是说它不适用，其实恰恰相反。但我想知道如何适用。我要求的答案不是一句话，再精妙的话语都不行，而是一门坚实的科学，它要凭借耐心慢慢构建，要详细展示对应关系是如何发生的。

起初，思想组织迈出的关键一步完全归功于科学活动的实践来源，不掺杂任何的理论冲动。这个缓慢的成就过程既是略具理性的生物逐步进化的原因，也是进化的结果。我指的是人类形成了一些概念，有关明确的物质客体、确切的时间段、同时性、重复性、相对位置关系，还有类似的基础观念，我们根据它们在心中安放流变的经验，以便参考：事实上，这就是常识思维的全套机制。请你在头脑里思考某一把具体的椅子。这把椅子的概念，就是所有与这把椅子相关的经验的概念——造它的人，卖它的人，见过或用过它的人，正在感受它带来的舒适支撑的人，再加上我们对于类似未来的期望，最后是另一组经验，椅子坏掉了，变成了柴火。形成此类概念是一项巨大的任务，动物学家和地质学家告诉我们，这个过程经历了数千万年。我可以相信他们。

我现在要强调两点：第一，科学根植于我刚才所说的"常识思维的全套机制"。那是科学的素材，科学从它起步，也必须回溯到它。如果愿意的话，我们可以猜想其他星球上有其他生物用一套完全不同的概念编码来安排类似的经验——这就是说，他们主要关注的各种经验之间的关系不同于我们。但这项任务太复杂了，也太宏大了，无法在大纲之上进行修订。你可以对常识润色，可以在具体细节上反驳常识，可以让它感到惊讶。但归根结底，你的整个任务就是满足常识。

第二，除非在某些方面不去严格考虑经验中何为真实，否则常识或科学都不能完成组织思想的任务。还是来想那把椅子。在作为椅子概念之基础的经验中，我加入了对椅子的未来预期。我本应该更进一步，将我们对所有可能经验的想象也容括进来，用日常语言说，就是设想椅子本来可能会怎么样。这是一个难题，我也不知道要怎么解决。但在当下，如果我们拒绝承认理想情况下的经验的话，那么建构时空理论的工作似乎就会遇到不可克服的困难。

这种想象的经验感知——如果它发生的话——是与实际经验契合的，它似乎在我们的生活中至关重要。它既不是完全任意的，也不是完全确定的。它是一道模糊的背景，只有通过个别的独立活动才能部分明晰化。比方说，我们对从未亲眼见过的巴西植物群的看法。

理想经验与两方面密切相关，一方面是在想象中再现他人的真实经验，另一方面是我们会从自身之外的复杂外部世界获取自我印象，从而几乎不可避免地形成自我概念。如果我们能彻底分析经验的所有来源和所有类型，那或许能够得到现实及其本质的明证。事实上，这种看法无可置疑。确切阐述这个问题是形而上学的事。我在这篇发言中提出的一个主张是，科学的基础不依赖于假定任何形而上学结论成立。科学与形而上学的起点是相同的，都是给定的直接经验，两者主要是任务不同，从而走上了相反的方向。

比方说，形而上学会探究我们对椅子的感知与某种真正的实在有什么关系。科学则会将这些感知集合成一个明确的类，添加在规定条件下能够达到的理想感知，然后这个感知集合就形成了一个概念，这个概念就是科学所需要的一切。

我眼前的问题是探究科学结构的本质。科学本质上是逻辑。科学概念之间的关系是逻辑关系，具体科学论断的依据是逻辑依据。詹姆斯国王说过："没有主教就没有国王。"而我们可以更加自信地说："没有逻辑就没有科学。"大多数科研人员之所以本能地不愿认同这条真理，我认为是因为过去三四个世纪里贫乏的逻辑理论。我们可以将这个失败追溯到崇拜权威上。在文艺复兴时期，知识界的权威崇拜在某些方面变得更强了。人类那时换掉了权威，这个事实暂时起到了解放的作用。但最重要的事实是，人们形成了对古典作者的任何言论都推崇备至的态度。从现代运动的一开始就有人抱怨这一点。①学问家变成了注释家，注释的对象是脆弱到经不起转译的真理。一门犹豫要不要忘记开山祖师的科学是没有前途的。我认为犹豫的原因是逻辑的贫乏。不信任逻辑理论和数学还有一个原因，就是认为演绎推理不能提供新的知识。结论已经包含在前提里了，而前提是假定已知的。

首先，上面最后一条对逻辑的批判无视了人类知识的破碎性与断裂性。你周一知道一个前提，周二知道另一个前提，这对周三的你是没有用的。科学是对前提、推导和结论的永久记录，过程中一直要检验是否符合事实。其次，我们并非知道了前提，就知道了结论。在算术领域，人类可不是算数的小孩。如果一个理论证明人类熟知从假设能推出什么结果，那么它必然是错的。我们可以想象出具备这种洞察力的生物，但我们不是那种生物。我认为，这两个回答都是正确的，也是有意义的，但并不能让人满意。它们在性质上基本太外在了。我们想要进一步解释问题中暗示的真正疑难。事实上，真正的答案就嵌在我们对核心问题——逻辑与自然科学的关系——的讨论之中。

这里有必要粗略地介绍现代逻辑学的一些特征。我会努

① 例如 1551 年意大利学者斯卡皮的看法；参见 Scarpi, *History of the Council of Trent* 的当年内容。

力避免占据传统逻辑主体的宏大笼统讨论和细枝末节的专门概念辨析。早期逻辑学的特点是目标上宏伟远大，细节处理上琐屑，这门学科也由此变得僵死。

科学理论可以分为四个部类。我想通过一个相距并不太遥远的类比给它们命名，分别是算术部类、代数部类、广义函数部类、分析部类。我的意思不是算术源于第一个部类，广义函数理论源于第二个部类，等等；这些名字能提示各部类思想的某些性质，让人联想到算术、代数、广义函数理论、针对特定函数性质的数学分析的同类性质。

第一部类——也就是算术阶段——讨论的是具体命题之间的关系，正如算术讨论具体数之间的关系。设有一个任意的具体命题，我们称之为"p"。我们知道总有另一个与它直接相反的命题，称为"非p"。当我们有了两个命题，p和q，就可以用它们及其反命题组成衍生命题。我们可以说："p和q里至少有一个为真，也可能两个都为真。"我们称这个命题为"p或q"。顺便提一句，当代最伟大的哲学家之一说过，这里"或"字的用法——就是"p或q"，两者之一可能为真，也可能两者都为真——让他对精确表达感到绝望。我觉得他的愤怒是不可理喻的，对此我们必须勇敢面对。

于是，我们掌握了四个新命题，分别是"p或q""非

p 或 q""p 或非 q"和"非 p 或非 q",称作衍生析取命题集合。到目前为止,我们总共有了八个命题:p、非 p、q、非 q,再加上四个衍生析取命题。我们可以从八个命题中任取一对,替换掉原命题里的 p 和 q。于是,每对替换都能得出八个命题,其中一部分可能在前面已经得出过了。这样一来,我们就得到了一个无穷的命题集合,其中包含的命题越来越复杂,而归根结底都衍生自 p 和 q 这两个原初命题。当然,只有几个命题是重要的。同理,我们可以从三个命题(p、q、r)或者四个命题(p、q、r、s)出发,等等。这些集合中的任何一个命题都可能为真或为假,没有其他可能性。真或假就叫作命题的"真值",不管实际是真还是假。

逻辑探究的第一部分,就是在我们知道其中一部分命题真值的情况下,确定这些命题的真值。有价值的逻辑探究并不十分深奥,至于表达探究结果的最佳方式,那就是我现在不会讨论的细节了。这种探究构成了算术阶段。

逻辑的下一个部分是代数阶段。算术和代数的区别在于,算术考察具体的数,而代数会引入符号——也就是字母——来代表任意的数。数的概念也扩大了。这些代表任意数的字母有时叫作变量,有时叫作参数。它们的本质特征是不确定性,除非它们被自身满足的代数条件所隐性地确定。

于是，它们有时也称作未知数。带字母的代数公式是一张空白的形式表格。当我们用具体数替换掉字母时，公式就变成了确定的算术命题。代数的重要性要归功于形式研究。我们来看下面这个命题：

汞的比热是 0.033。

这是一个在特定条件下正确的具体命题。但是，我们眼下不关心它的真值。把"汞"换成一个字母，字母是某个不确定事物的名字，可得：

x 的比热是 0.033。

这不是一个命题，罗素将其称为命题函数。它是代数表达式在逻辑学中的对应物。我们用 $f(x)$ 来表示任意命题函数。

我们还可以进一步泛化：

x 的比热是 y。

于是，我们就得到了另一个有两个论元 x 和 y 的命题函数 $F(x, y)$。以此类推，论元可以有任意多个。

现在来看 $f(x)$。x 有一定的取值范围，在这个范围内，$f(x)$ 是一个或真或假的命题。如果 x 的值超出了这个范围，$f(x)$ 就根本不是一个命题，既非真，也非假。它对我们可能有模糊的提示意义，但并没有确定的独立意义。比如：

水的比热是 0.033。

这是一个假命题；而——

美德的比热是 0.033。

后者在我想来根本不是一个命题。因此，它既非真，也非假，尽管它的组成部分会在我们的头脑中产生各种联想。这个令 $f(x)$ 有意义的取值范围，就叫作论元 x 的"类型"。

但是，x 还有一个令 $f(x)$ 为真命题的取值范围。这一类论元取值满足 $f(x)$。这个集合可能没有元素，也可能是另一个极端，包含论元类型的全部元素。

于是，我们构想出了两个一般命题，分别代表着无穷多拥有相同逻辑形式的命题，也就是说，这些命题都是相同命题函数的值。一个命题是：

对适当类型的 x 的每一个值来说，$f(x)$ 均为真命题。

另一个命题是：

存在一个 x 的值，使得 $f(x)$ 为真。

给定两个（或更多）论元相同的命题函数 $f(x)$ 和 $\phi(x)$，我们能组合出衍生命题函数，即：

$f(x)$ 或 $\phi(x)$，$f(x)$ 或非 $\phi(x)$。

等等，包括矛盾命题。于是，与算术阶段一样，我们获得了一个命题函数的无穷集合。另外，每个命题函数都会产生两个一般命题。任何这种命题函数集合都会产生出一般命题，而关于一般命题真值相互关系的理论，正是数理逻辑中简洁优雅的一章。

在逻辑学的代数部分，我们已经提到过的类型论出现了。忽视这个问题就必然会带来谬误。这个理论必须至少由某个可靠的假说来解决，哪怕假说并不触及问题的哲学基础。逻辑学的这个部分深奥繁难，而且虽有罗素卓越的开山之作，这一领域也仍未彻底阐明。

弗雷格[1]和皮亚诺[2]各自独立发现了逻辑变元的重要意义，这正是现代逻辑学的原动力。弗雷格比皮亚诺走得更远，但由于使用的符号不当，导致著作晦涩难懂，以至于一个人除非自己已经发现了弗雷格的意思，否则根本无法完全明白他想说什么。但是，这场运动有着悠久的历史，可以追溯到莱布尼茨[3]乃至亚里士多德。做出贡献的英国人有德·摩根[4]、布尔[5]和阿尔弗雷德·坎普爵士（Sir Alfred Kempe），他们的成果都是第一流的。

逻辑学的第三个部分是广义函数理论阶段。用逻辑学

---

① 弗里德里希·路德维希·戈特洛布·弗雷格（Friedrich Ludwig Gottlob Frege，1848—1925），德国数学家、逻辑学家和哲学家，是数理逻辑和分析哲学的奠基人。——编者注

② 朱塞佩·皮亚诺（Giuseppe Peano，1858—1932），意大利数学家、逻辑学家、语言学家。——编者注

③ 戈特弗里德·威廉·莱布尼茨（Gottfried Wilhelm Leibniz，1646—1716），德国哲学家、数学家，被誉为17世纪的亚里士多德。——编者注

④ 奥古斯都·德·摩根（Augustus De Morgan，1806—1871），英国近代数学家、逻辑学家，陈述了德·摩根定律。——编者注

⑤ 乔治·布尔（George Boole，1815—1864），19世纪英国最重要的数学家之一，出版了《逻辑的数学分析》。——编者注

的语言说，我们在这个阶段要从内涵转向外延，研究指称理论。以命题函数 $f(x)$ 为例。存在一个 x 的集合，或者说 x 的取值范围，使得该集合内的元素满足 $f(x)$。但是，同样是这个取值范围，它的元素可能也满足另一个命题函数 $\phi(x)$。我们有必要研究如何通过下述方式来表示这个集合：若有多个命题函数能被这个集合的任意元素满足，且只能被这个集合的元素满足，则在这些命题函数之间不作区分。我们必须分析关于集合的命题的性质——也就是说，这些命题的真值只取决于集合本身，而不取决于集合表示的具体意义。

此外，还有一种命题是关于用摹状词表示的指称个体的。比如，关于实际存在的"现任英国国王"的命题，以及关于实际不存在的"现任巴西皇帝"的命题。有一些更复杂，但性质相同的问题涉及有两个变元的命题函数，这些问题与"关系"概念有关，正如单论元方程与集合概念有关系。同理，三元方程会产生三角关系，依次类推。罗素对逻辑学的这个领域做出了独特贡献，他的相关著作必将永为奠基之作。我将这个领域称作函数理论部类，因为它的思想对构建逻辑指称函数至关重要。平常的数学函数，比如正弦函数、对数函数等，都是此类函数的特例。如果我们想要过渡到

第四阶段的话，那么在以上三个阶段都需要逐步引入适当的符号。

逻辑学的第四个部分是分析阶段，研究对象是特殊逻辑构造的性质，也就是特定类型的集合与关系的性质。整个数学都包含在这个部类。因此，这是一个大部。事实上，它不多不少就是数学本身，只是包含了对数学概念的分析，这种分析之前没有被纳入数学的范围，而且事实上根本没有人思考过。这个阶段的本质就是构造。通过适当的构造，我们阐述了应用数学的宏大框架，包括数的理论、量的理论、时间的理论、空间的理论。

这里不可能解释如何从第三部分确立的集合与关系（包括多角关系）出发来建构数学，就连简述都做不到。我只能列出条目，完整过程参见罗素与我合著的《数学原理》。这个建构过程中有七类特殊关系有着特别的意义。第一类是一对多关系、多对一关系、一一对应关系。第二类是序列关系，也就是域内的元素按照序列顺序排列，序列关系的定义是域内的任意两个元素都必定存在先后关系。第三类是归纳关系，也就是数学归纳理论依赖的关系。第四类是选择关系，在广义算术运算理论等处要用到。我们之所以要考察著名的乘法公理，就与这种关系有关。第五类是向量关系，从中产生出了量的理论。第六类是比率关系，它将数和量联系了起来。第七类是几何中出现的三角关系和四角关系。

仅仅像上面这样罗列术语不会给人多少启发，尽管或许有助于理解这门学科的界分。请记住，这些词语都是技术性的，它们无疑是富于联想性的，但都是在严格定义的意义上使用。有人觉得只要了解这些词语的字典义项，基于这样薄弱的基础就足以批评我们的做法，我们为此受到很多非议。比方说，一一对应关系依赖于"只有一个元素的集合"这个概念，而这个概念的定义并不借助"1"这个数的概念。我们只要"不同"的概念。于是，集合 α 只有一个元素的条件是，（1）满足下列命题方程的 x 的值的集合。

x 不是 α 的元素。

这不是包含 x 的所有相关值的整个类型，以及（2）下列命题方程：

x 和 y 是 α 的元素，x 不同于 y。

这为假，不管 x 和 y 在相关类型中的值是什么。

显然，类似的过程也适用于更高的有限基数元素。就这样，我们能够一步步为全部现有数学概念给出逻辑定义。这个过程是细致艰辛的，而且与所有科学一样，对空洞言语组成的捷径一无所知。这个过程的本质，首先是用命题形式，也就是相关的命题函数来定义概念；其次是参照逻辑学代数部类中得到的结果，证明关于这些概念的基本真理。

我们在这个过程中会看到，由特殊的、不可定义的数学概念，以及与数、量、空间相关的特殊的、先验的数学前提所构成的一整套工具烟消云散。数学只是一种分析演绎推理的工具，推理可以由任何具体前提导出，而前提是由常识或更细致的科学观察提供的，只要推理依赖命题形式即可。某些形式的命题在思维中不断出现。现有数学就是在分析涉及这些命题，且具有一定实践或理论意义的推导。我这里讲的科学是现实存在的科学。数学的理论定义必然要涵盖一切仅依赖命题形式的推理。不过，当然没有人愿意发展数学中没有任何重要意义的部分。

这段对逻辑学概念的简要概括带来了一些反思。一个问题出现了：命题形式到底有多少种？答案是：无穷无尽。逻辑学无用论的想法由此可见。亚里士多德提出了命题形式的概念，还提出了依赖形式的演绎推理，由此创立了逻辑学。但是，他将命题局限于四种形式，今天分别叫作 A、I、E、O。只要逻辑学家还执迷于这种无益的束缚，就不可能有真正的进步。另外，亚里士多德和后世逻辑学家的形式理论已经很接近逻辑变元理论了。但是，科学史教导我们，非常接近真正的理论，与精确运用真正的理论是大不相同的。所有重要思想之前都是由某个未发现其重要性的人说出来的。

另外，我们觉得逻辑推理不直观的一个原因是，逻辑形式并非我们平常会思考的话题。常识推理很可能是凭借盲目的本能，受惯性联想的引导，从具体命题到具体命题。于是，常识在面对大量材料时就会失效。

还有一个更重要的问题，那就是基于观察的归纳与演绎逻辑之间的关系。归纳支持者与演绎支持者的对立由来已久。在我看来，这就像一条蚯蚓的头和尾吵架一样不可理喻。对任何值得掌握的知识而言，观察和演绎缺一不可。如果不借助命题函数的话，我们就不可能获得归纳法则。以这个实际观察陈述为例：

这个物体是汞，它的比热是 0.033。

这句话的命题函数是：

要么 x 不是汞，要么它的比热是 0.033。

归纳法则是关于一般命题真假的假设，认为对 x 的所有相关类型内的值来说，上述命题函数均为真。

但有人会反对说，这个过程及其结果太过简单，用不着复杂的科学。同理，一名英国水手航行在死海上就知道那是死海。那么，复杂的化学海水分析技术有什么用呢？我可以给出宽泛的答案，就是你对自己一直在使用的方法不会有太多了解；还有具体的答案，就是逻辑形式与逻辑推论并不非常简单，数学整体就是证据。

研究逻辑方法的一大用处不在于复杂推理方面，而在于指导我们去研究主要科学概念的组成。以几何学为例。构成空间的点是什么？欧几里得告诉我们，点没有部分，也没有量。但是，点的概念是如何从感官知觉里得出的呢？感官知觉才是科学的起点。点当然不是直接的感知。我们在这里可能看到某个能让人联想到点的东西，又在那里痛苦地碰到这样的东西。但这是一种罕见的现象，而且当然不能证明"空间由点组成"这一概念。我们对空间性质的知识并不基于任何对点与点之间关系的观察。它来自对物体之间关系的经验。物体之间关系的一种基本空间关系是，一个物体可以是另一个物体的部分。我们可能会想这样来定义"整体和部分"的关系：部分占据的点，是整体占据的点中的一些点。但是，"整体和部分"要比"点"的概念更基础，这个定义其实是无益的绕圈。

于是，我们可以追问还能不能给出其他的"空间整体和部分"定义。我认为可以这样做，尽管就算我错了，对我的整体论证也无伤大雅。我们前面得出了一个结论，认为一个有广延的物体不过是它的所有感知者——可以是实际感知，也可以是理想感知——对它的感知的集合。当然，这不是随随便便的一个感知集合，而是一种特定的集合，我这里只会给出一种不明确的定义：这种集合是对物体的感知。那么，对物体的一个部分的感知就包含在对整体的感知之内。于是，a 和 b 这两个物体都是感知的集合；当 b 这个集合包含在 a 这个集合之内时，b 就是 a 的部分。根据这个定义的逻辑形式，我们立即可以得出推论：如果 b 是 a 的部分，c 是 b 的部分，那么 c 是 a 的部分。所以，"从整体到部分"是一个传递关系。另外，我们也可以允许一个物体是它自己的部分。这仅仅是定义方式的问题。按照这样来理解，这还是一个自反关系。最后，如果 a 是 b 的部分，b 是 a 的部分，那么 a 和 b 必然相同。这些"整体与部分"的性质不是新假设，而是从定义的逻辑形式中推导出来的。

如果我们做出空间无限可分割的理想假定，就必须做这样一条假定：每一个构成广延物体的感知集合，都包含构成不同于自身的其他广延物体的感知集合。这条假设就是理想感知理论的草案。除非你以某种形式做出这条假定，否则几何学就会烟消云散。它并不专属于我的论述。

接下来，我们就可以定义点了。一个点，就是由——用大白话说——包含这个点的广延物体组成的集合。如果没有预设假定点的概念，这个定义会相当复杂，我现在就不讲了。

将点引入几何学的好处是，关于点的相互关系的逻辑表达式会变得简单。对科学来说，定义简单与否无关紧要，但相互关系的简单与否至关重要。这条法则的另一个例子是，物理学家和化学家将"广延物体"——比方说一把椅子——这个小孩子都明白的简单概念拆解掉，变成了一个令人困惑的概念，也就是分子、原子、电子和光波的复杂舞动。通过这种方式，他们获得了逻辑关系更简单的概念。

按照上述理解的空间，准确地表述了常识经验世界呈现出的空间性质。它未必是理解物理学家眼中的空间的最佳方式。一个重要的先决条件是，常识空间中的常识世界与物理学空间中的物理学世界应该有明确的、双向的对应关系。

我之前都在结合物理学来讲解逻辑学的功能，现在我要结束这个话题了。我努力展示了作为组织原理的逻辑功能，分析如何从直接现象中衍生出概念，研究那些被假定为自然法则的一般命题结构，确立一般命题在推论意义上的相互关系，推断给定条件下预计会出现的现象。

如果运用得当，逻辑不会束缚思想。逻辑会带来自由，还会给人魄力。没有逻辑的思想在下结论时会犹豫，因为它从来不知道它的意思是什么，它的假定是什么，它在多大程度上可以信任自身的假定，或者修改假定会有何影响。另外，如果一个人没有学习过与手头课题相关的那部分建构逻辑，就不会知道从各种假定中会得出哪些结论，从而在领悟归纳法则时迟钝木讷。对于这种针对具体情况的逻辑，基础训练无疑就是积极思考直接观察得来的已知事实。但在可能涉及复杂推理的情况下，如果我们要充分发挥上述思维活动，则需要直接研究抽象的逻辑关系。这就是应用数学。

有逻辑而无观察，有观察而无逻辑，科学都不会有进步。我们可以认为人类正在进行一场年轻人和老年人之间的内战。年轻人不是用年龄来定义的，而是用创新的闯劲。老年人的最大愿望是不犯错误。逻辑是老年人递给年轻人的橄榄枝，是年轻人手中的魔杖，有着开创科学的魔力。

第九章　对若干科学概念的剖析

I　事实

物理学的特征是无视一切价值判断，比如审美或道德判断。科学只讲事实。我们必须在这个意义上解读那句如雷贯耳的名言："人，自然的仆役与执事。"

即便是这样，余下的思维领域对物理学来说还是太大了，其中会包括本体论，它要确定真正存在的事物的本质，换句话说，就是形而上学。从抽象角度看，排除形而上学探究是遗憾的。这种探究是对科学价值的必要批判，会告诉我们科学的终极归宿。我们之所以要认真将形而上学从科学思考中剥离出来，纯粹是出于现实原因：科学可以达成共识——经过应有的争论之后，而迄今为止，分歧都是形而上学争论的突出特点。在思想文明发展的初期，人们可不会料到科学与形而上学的这种差异。希腊人认为，形而上学比物理学容易，而且倾向于通过先验的事物本性概念来推导科学原理。希腊人有着活泼的自然主义思想，而且喜欢亲身感知，由此克制了这种可怕的倾向。中世纪欧洲人有着同样的倾向，却没有希腊人的克制。相隔漫长岁月的不同代人可能会在本体论问题上得出一致的结论，科学进步却可能会产生根深蒂固，背道而驰，既不能调和，也不能抛弃的思路。在这样的时代，形而上学与物理学会互换角色。同时，我们也必须接受我们了解到的情况。

但还有一个问题。如果不预先确定什么是真实存在，那人类怎么能够达成科学共识呢？要找到答案，我们就必须分析事实，科研活动针对的领域就是事实。人类有知觉，而且会思考自己的知觉。重要的是思维，而不是思维以外的知觉要素。当我们形成了直接判断时——喂，是红的！如果我们能想象到在其他情况下会做出不同的判断，那也不要紧，比方说——喂，是蓝的！甚至于——喂，什么都没有！总而言之，它当时是红的，其他的全都是假设虚构。物理学的领域就是由这些一阶思想，以及关于一阶思想的思想所组成的。

但是——为了避免混淆——上面给出的原初知觉思想的例子中引入了一种虚假的简单性。"喂，是红的！"其实并不是原初知觉思想，尽管它往往是用语言表达出的第一个念头，哪怕是在心里默念。没有事物是孤立的。红的知觉，是对一个红色物体的感知，与感知者的全部意识内容相联系。

这些关系中最容易分析的就是空间关系。回到前面的例子，在直接知觉中，红色物体就是感知为红色的对象（red object）。更好的说法是"红色感知的对象"（object of redness）。因此，更接近直接知觉判断的说法是："喂，那有个红色感知的对象！"不过，这种表述当然也省略了其他更复杂的关系。

科学分析中这种追求错误的简化，到过分抽象，再将一般概念进一步一般化的倾向，源于早期形而上学阶段。它来自一种隐含的信念，即我们在努力用适当的形容词来修饰实体。按照这种倾向，我们就会想："这个实物是红色的。"而我们真正的目标，是通过知觉的关系来阐明我们对现象的知觉。我们感知到的是，红色与其他现象相关。我们的目标是分析这些关系。

科学的一个目的是协调思维，这就是说，确保意识的思想表达中不会出现逻辑矛盾的判断。另一个目的是拓展这些协调后的思维。

一些思想直接来自感官表象，属于感知这种意识状态。像这样的思想是：那有个红色感知的对象。但整体来说，思想并不是言说，而是对意识内容中的各种性质和关系的直接领会。

这种思想中不会缺少协调。直接领会在本质上就是独一无二的，不可能领会到一个既是红色，又是蓝色的对象。由此可以判断，如果意识中的其他元素发生了变化，我们就会领会到一个蓝色的对象。于是——在某些条件下——一开始的领会就会被称为错误。尽管如此，一个事实是不变的：我们曾领会到一个红色的对象。

"感官表象"指的是主要涉及感知过程的一阶思想。但还有关于思想的思想，以及衍生自其他思想的思想。这些都是二阶思想。现在是时候明确区分实际的思想表达（实际做出的判断）和仅仅是假想思想表达的命题（想象出来的可能的思想表达）了。请注意，在外显层面，意识的实际完整思想内容既没有被肯定，也没有被否定。它只是实际在想的东西。于是，想到"二加二等于四"不等于肯定二加二等于四。在前者中，命题就是思想表达；而在后者中，思想表达是对命题的肯定，命题则降级为单纯的命题，也就是我们想到的假设性思想表达。

有时人们会区分事实与思想。就物理学而言，事实就是思想，思想就是事实。这就是说，就科学涉及的那一部分而言，感官表象（事实）就是直接领会中的元素（思想）。另外，实际的思想表达，包括一阶和二阶，都是科学要解读的素材事实。

事实是给定的，但思想是自由的，这个区分并不绝对。我们可以选择和修改自己的感官表象，于是，事实——狭义的事实，即感官表象的直接领会——在一定程度上是服从意志的。另外，意志能够明确修改的也只有思想表达之流的一部分。我们可以选择自己的身体感受，我们也发现自己在思考，这就是说，一方面，感觉中占主导地位的必然性是可以由我们选择的，而另一方面，意识的思想内容（就二阶思想而言）并不完全由意志选择。

于是，整体来看，二阶思想中包含着大量一阶内容，还包含着关于不同类型的感官表象的一阶思想。这就是我们思考事物的方式，就我们所知，我们不会完全从抽象必然性出发，因为我们的方法是从环境中继承来的。我们的思维方式就是这样，必须付出极大努力才能从根本上摆脱，就算摆脱了，也只能是不连续的短暂摆脱。这就是我所说的"常识思维的全套机制"。

科学中假定的正是这一种思想。它是一种思维方式，而非一组公理。事实上，它是有助于梳理人类经验的常识概念集合。它在小处会有修改，但大体上被假定成立。科学解释的目标，就是找到与自然相关的，且能解释常识观念重要性的概念和命题。例如，椅子是常识观念，分子和电子则解释了我们对椅子的视像。

科学旨在协调两种思想，一种是反思性、衍生性的思想，一种是一阶思想，它涉及我们对感官表象的直接领会。科学的另一个目标是，创造由逻辑联系起来的衍生思想。这就是科学理论，科学追求的协调是理论与观察一致，观察就是对感官表象的领会。

于是，科学就有了双重目标：（1）创造与经验相一致的理论，（2）解释关于自然的常识概念，至少是这些概念的主体轮廓。这种解释的要义是，在由协调思想组成的科学理论中保存常识概念。

我并不是说，过去的科学家意图实现上述目标，或者认为自己能够达到上述目标。它体现为取得了一定成绩的科研活动的实际结果。简言之，我们这里讨论的是观念的自然史，而非科学家自身的意志。

Ⅱ 对象

我们感知到空间中的事物，比如狗、椅、窗帘、水滴、气流、火焰、彩虹、钟声、气味、疼痛。科学解释了这些知觉的源头。这种解释用到的概念有分子、原子、电子及其相互关系，尤其是粒子的空间关系，还有这些在空间中传播的空间关系的波扰动。科学解释的基础元素——分子等——并不是直接感知到的。比方说，我们感知不到光波。视像是上百万道光波在一段时间内的作用结果。于是，直接感知到的对象对应于自然界中的一系列事件，这些事件在一段时间内延续发生。感知到的对象也并不总是对应于同一群分子。同一只猫，几年过后，我们还会认出它，但与我们发生关系的分子已经变了。

另外，现在暂且无视科学解释，感知对象很大程度上是想象假设。我们认出了那只猫，还感觉它看到我们很高兴。但我们只听到了猫叫声，看到它弓背，感到它在蹭我们。因此，我们必须区分出来，众多的直接感觉对象与单一的间接思维对象（也就是猫）有什么不同。

于是，当我们说我们感知到那只猫，明白它的感受时，我们的意思是，我们听到了一个声音的感觉对象，看到了一个景象的感觉对象，感到了一个触碰的感觉对象，而且我们想到了一只猫，并在想象它的感受。

空间关系和时间关系建立了感觉对象之间的关联。这些同时同地发生的感觉对象被思想整合起来，形成了一只猫的知觉。这种整合感觉对象的活动是本能的直接判断，一般不需要推理。有时，现场只有一个感觉对象。比方说，我们听到猫叫声，就说房间里肯定有一只猫。于是，通过有意识的推断，从感觉对象到猫的转化得以实现。甚至同时发生的感觉对象也可能会引发这样的有意识活动。例如，我们在黑暗中碰到了某个东西，又在同一个地方听到了猫叫声，于是心想，这可能是只猫。视觉还要更大胆，我们看到猫就不会继续往下想了。我们将景象等同于猫，而猫与猫叫声是独立的。但是，这种直接将视觉对象等同于思维对象的做法可能会出错——当年有鸟去啄阿佩莱斯①画的葡萄。

单一的感觉对象就是一个复杂实体。在光照稳定、观察位置不变的情况下，我们眼里的壁炉前的瓷砖或许是一个不

---

① 阿佩莱斯（Apelles），古希腊名画家。

变的感觉对象。即使这样，它在时间上是有跨度的，在空间上是可分的。另外，它与它所属的整体之间的区分也有一定的随意性。但是，如果火光照出一道影子，或者我们换个位置，视觉对象就会改变。在我们的判断中，作为思维对象的瓷砖保持不变。作为视觉对象，火中的煤会逐渐变化，尽管短时间内会保持不变。而在我们的判断中，作为思维对象的煤是变化的。火焰不是一成不变的，它的形状只是依稀可辨。

我们得出结论，单一的、具有自我同一性的视觉对象已经是思维的幻象了。试想光照稳定、观察位置不变情况下稳定不变的瓷砖这一视觉对象。在一个时间感知到的视觉对象，与在另一个时间看到的视觉对象是不同的。于是，中午12点看到的瓷砖与中午12点半看到的瓷砖不同。但是，世上不存在"某一时间点的感觉对象"这样的东西。当我们盯着瓷砖时，一分钟，一秒钟，或者十分之一秒钟已经流逝了：必然有一个持续的时间段。存在的是一道视像流，我们能分辨出它的部分。但是，部分也是流，只是我们在思维中将连续的流分割成前后相继的单元。流可能是"稳定"的，比如不变的瓷砖这一视觉对象；也可能是"动荡"的，比如伸出的火舌这一视觉对象。无论哪种情况，视觉对象都是流的小块组成部分，而且划分具有一定的随意性。

另外，构成瓷砖视觉对象序列的流本身，也只是整个视觉表象流中可以区分出来的一个部分。

于是，我们得出的结论是，我们每个人体验到的都是一道完整的感觉表象时间流，它可以分成多个部分。区分的标准是感觉差异——这个词语下既包括不同类型的感觉，也包括同一类型之内的性质和强度差别——时间关系的差异，以及空间关系的差异。而且，部分之间也不是互斥的，而是有着无穷的多样性。

部分之间的时间关系带来了回忆和辨认问题，这些问题太过复杂，此处不做讨论。只有一点评论必须要讲，如果我们承认如上所述，即我们生活在时间段，而非时间点中，也就是说，"现在"必然占据了一段时间，那么回忆与即刻表象就不是一个根本的区分，因为现在不断过去，就变成了过去的即刻。我们意识中的这个区域既不是纯粹的回忆，也不是纯粹的即刻表象。无论如何，记忆也是意识的表象。

另一个要注意的相关问题是记忆。现在事件与过去事件的时间关系不是直接感知到的。与现在事件关联的，只是过去事件的记忆。但是，过去事件的记忆本身又是一个现在的意识元素。我们主张的原则是，可作直接比较的关系，只存在于两个意识元素之间，而且两个元素都处于感知发生的同一个现在之中。知觉元素之间的所有其他关系都是推测建构。于是，我们有必要解释时间流中的区分是如何确定的，表象世界又为何没有坍缩成单一的现在。要解决这个难题，就要明白"现在"本身是一个时间段，因此"现在"内部就包含着多个事件，这些事件之间的时间关系是直接感知到的。换言之，就包含着前后相继的事件而言，我们将现在与过去、未来等量齐观，于是在这一个方面来看，过去、现在、未来完全是同类概念。这样一来，同一个现在中会有两个事件 a 和 b，但我们会直接感知到 a 发生在 b 之前。另外，时间是不断流动的，事件 a 进入过去，而新的现在中发生了事件 b 和 c，事件 b 发生在 c 之前，而且这个现在中包含着对 a 和 b 时间关系的记忆。于是，通过推测建构，过去的事件 a 发生在现在的事件 c 之前。通过这条原理，意识中不属于同一个现在的元素之间的时间关系就确定了。此处解释的方法就是"聚合原理"（Principle of Aggregation）的第一个例子。这是我们建构外部物理世界观念的基本心理原理之一，之后还会讲到其他例子。

部分之间的空间关系是混乱而变动的，通常并不精确。我们有一把"万能钥匙"，用它能够约束我们对部分的注意力，从而让我们觉得部分之间有着我们的脑力足以处理的简单关系。这把钥匙就是将多个部分收敛成范围较小的单元，我们称之为"收敛原理"（Principle of Convergence）。这条原理可以拓展到整个感觉表象领域。

收敛原理首先是应用到时间中。一段时间越短，其中感觉表象的各个面向就越简单。变化带来的困惑就减小了，很多情况下还可以忽略。自然已经对试图理解"现在"所含内容的思维活动施加了限制，让这些思维活动的持续时间足够短，短到可以在范围更大的感觉流组成部分中达到简单的静态。

在短时间内近似静态的感觉世界中，空间关系变得简单了。通过将这个静态世界分割成范围有限的空间组成部分，关系进一步简化。于是，由此形成的各个部分具有了更简单的相互空间关系，收敛原理依然成立。

最后的简化是将时间和空间上已经受限的部分进一步分割，形成在感觉的类型、性质和强度方面都相同的部分。通过这三个限制过程，前面提到的感觉对象终于出现了。因此，感觉对象是人依据收敛原理主动做出区分的结果。我们在完整的感觉表象流中追寻简单的关系，追寻的结果就是感觉对象。

知觉思维对象是一条基本自然法则——客体稳定法则

（law of objective stability）——的实例。它是感觉对象的连贯法则。稳定法则适用于空间和时间；它的运用必须结合另一条法则，也就是产生感觉对象的收敛化简原理。

一些复合局部感觉表象流可以通过下列特征加以区分：（1）在任何一道这种复合局部流中，属于同一感官的感觉对象时间序列由非常相近、缓慢渐变的对象组成，由此在复合流内部形成了均同的简单流；（2）时间限制在足够短，且只考虑确切领会的关系的情况下，复合流中（属于多种感官的）感觉对象的空间关系是同一的，于是这些彼此有异、各自均同的简单流会"凝聚"形成完整的复合局部流；（3）与复合局部流有关联的其他感觉表象也会出现，这些表象可以根据从同类复合局部流中得出的规则来确定，其中包含另外的空间与时间关系，前提是相近程度足够高。我们将这种感觉表象称为"关联感觉表象"。当我们将一个这种局部流视为一个整体时，就称之为"原初粗略知觉思维对象"（first crude thought-object of perception）。

比方说，我们盯着一个橙子看了半分钟，拿起来，闻了闻，注意到它摆在水果篮里的位置，然后转身离开。在这半分钟里，我们对这个橙子的感觉表象流就是一个原初粗略知觉思维对象，而对我们认为支撑着橙子的水果篮的感觉表象，就属于关联感觉表象。

我们之所以将在一小段时间内感知到的不同类感觉对象关联起来，形成一个原初粗略知觉思维对象，关键依据就是空间关系重合，也就是说，近似的、也许只是模糊领会到的空间关系重合。于是，空间关系重合将多个感觉对象关联成一个原初粗略思维对象，空间关系不同则会将感觉对象从一个聚类中分离出来，形成原初粗略思维对象。对一些感觉对象集合来说，关联可能是完全不包含推断的直接判断，于是一阶知觉思维的对象就是原初粗略思维对象，而分别的感觉对象是对记忆进行反思分析的结果。例如，视觉感觉对象与触觉感觉对象在一阶思维里往往是关联的，到了二阶思维里才分离。但有的时候，关联是摇摆不定的，比如猫叫这个听觉对象和猫这个视觉对象之间的关联。总结来说，多个局部感官知觉流会聚合成一个原初粗略知觉思维对象，也就是那个瞬间的猫，因为属于这条流的感官知觉处于同一个位置，但如果这样说——因为这些感官知觉属于同一个瞬间的猫，所以它们处于同一个位置，那也是同样正确的。我们讲述了在处于现在的短暂时间段内，完整的感觉表象流是如何分解为多种原初粗略思维对象，这段分析只是部分符合事实。一个原因是，许多感觉对象（比如声音）只有模糊不定的空间关系，比方说，与我们自己的感官关联起来的模糊空间关系，还有对（科学解释中的）感觉来源的模糊空间关系。

另外，把那半分钟里感知的橙子阐述成通常意义上的橙子的过程还涉及两条原理，分别是聚类原理和假设感觉表象原理。

此处用到的聚类原理采取的形式是：如果形成多个不同原初知觉思维对象的局部流足够相似，发生时间不同，且关联感觉表象足够相似，则这些思维对象会被理解为一个感觉思维对象。

比方说，我们从橙子面前走开五分钟后又回来了。一个新的原初粗略知觉思维对象呈现给了我们，与我们之前体验到的那半分钟里的橙子不可分辨。它还在同一个水果篮里，我们将一个橙子的两个表象聚类为同一个橙子。通过这种聚类，我们获得的"第二个原初粗略知觉思维对象"。但不管我们做多少这种聚类操作，橙子都不仅仅是如此。比如我们说，"橙子在橱柜里，如果汤姆还没有吃掉它的话"，这是什么意思呢？

现下事实的世界不只是一道感觉表象流。我们有情绪，有意志，有想象，有概念，有判断。任何进入意识的因素都不是独立的，甚至不可能孤立存在。我们在分析感觉表象和其他意识因素之间的特定关系。迄今为止，我们只考虑了概念和判断因素。想象力是得到完整橙子的必要条件，也就是对假设感觉表象的想象。争论我们是否应该有这种想象，或者探讨这种想象对应于哪些关于实在的形而上学真理，那都无关紧要。我们这里只关心一个事实：这种想象是存在的，而且必然会进入知觉思维对象的概念构成，这些概念正是科学的原始资料。我们将橙子理解为一个长久的感觉表象集合，仿佛这些感觉表象是意识中实际存在的元素，但其实它们并不是。由此，我们形成了橱柜里的橙子的概念，包括形状、气味、颜色和其他属性。这就是说，我们想象出了感觉表象的假设可能性，而且认为尽管它并不是实际的意识要素，但对它的事实存在来说无关紧要。对科学来说，紧要的事实是我们的概念。就物理学而言，它在形而上学实在层面的意义没有科学意义。

这样形成的完整橙子就是知觉思维对象。

我们必须记住，从知觉思维对象中产生的判断、概念主要是本能判断、本能概念，而不是先进行有意识的寻求和有意识的批判，然后才采纳的概念和判断。这样采纳的概念和判断需要另外两个因素的辅助，同时也与那两个因素交织，一个因素是对未来的预期，在未来中，假想会变成实际；另一个因素是对其他意识存在的进一步判断，同一个东西，在一个意识中会被判断为假想，在其他意识中则可能被判断为实际。

实际上，知觉思维对象是一种工具，目的是使反思意识明白在完整感觉表象流中成立的关系。这种工具的用处是无可置疑的，它是整个常识思维大厦的基石。但当我们考察它在运用中的局限性时，证据就不那么清晰了。我们的一大部分感觉表象都可以建构为对各种持久的思维对象的知觉。但是，可以完全按此建构感觉表象的情况几乎不存在。视像自然容易这样建构，但视像可能会受干扰，比方说哈哈镜里的镜像、看上去变弯的半插入水中的木棍、彩虹、遮挡光源的明亮光斑等类似现象。听觉就更难了，声音很难与知觉思维对象分离。比方说，我们看到的是大钟，但听到的是大钟发出的声音，可我们也会说，我们听到了大钟。再比方说，牙疼基本就是牙疼，只在间接层面上是对牙神经的感知。每一类感觉都可以讲出许多同类的例子。

另一个困难来自变化这个事实。在每一个时刻，思维对象都被理解为一个完全实存之物。但肉买了又煮了，草长了又枯了，煤在火里少了，埃及金字塔千百年不变，但即便是金字塔也并非完全不变。人们回避麻烦的变化的办法，只是给一个所谓的逻辑谬误加上了一个拉丁文专有名词。肉稍微煮一下，肉还是肉，但肉在烤箱里烤上两天，肉就成黑炭了。肉在什么时候不再是肉了呢？思维对象的首要用处，就是此时此地形成一个概念，然后到彼时彼地还能被认出来。对短时间内的大部分事物、长时间内的许多事物来说，这种概念都是足够用的。但如果将感觉表象视为一个整体，那么它根本不承认自己是概念的客体。

现在，我们来到了反思性质的解释领域，也就是科学。

只要将收敛原理运用于简单对象，一大半困难就会立即消除。我们习惯将思维对象过分扩大；我们应该将其以更小的部分来思考。比方说，斯芬克斯像变了，鼻子被削掉了一块，但如果认真追查，我们会在西欧或北美的某处私宅中发现斯芬克斯像失踪的部分。于是，削掉的鼻子和斯芬克斯像的其余部分都重新变得恒久了。我们可以进一步拓展这种解释，去考察小到只有在最优越的条件下才能观察到的部分。这样一来，应用于自然界的收敛原理就大大拓宽了，但这条原理得到了精确观察发展史的充分支持。

于是，知觉思维对象的变化这一点，主要可以通过将对象分解为较小的部分来解释，而这些部分本身也是知觉思维对象。文明社会视为常识的知觉思维对象几乎完全是假想。

物质宇宙很大程度是一个想象的概念，直接感觉表象是它薄弱的基础。尽管如此，物质宇宙也是一个事实，一个我们实际想象出来的事实。于是，它在我们意识中的实在程度不亚于同样实际存在于意识中的感觉表象。反思批判的目的是让这两个因素——在相关的情况下——一致，也就是说，将感觉表象建构为假设知觉思维对象的实现。

通过广泛运用纯粹假设的知觉思维对象，科学得以解释一些零散的感觉对象，我们不能将它们建构为对某个知觉思维对象的知觉，比如说声音。但是，这些现象整体上是不能沿着这条思路去解释的，除非我们采取一个彻底改变物质宇宙概念的关键步骤。这一步骤就是，用科学思维对象替代知觉思维对象。

科学的思维对象是分子、原子和电子。这些对象的特殊之处在于，它们完全摆脱了可以在意识中产生直接感觉表征的属性。它们只是通过相关现象才为我们所知，也就是说，它们引起了一系列事件，而这些事件通过感觉表象在我们的意识中形成表征。这样一来，科学思维对象就被理解为感觉表征的起因。从知觉思维对象到科学思维对象的转变蒙上了一层厚厚的面纱，这层面纱就是涉及第一性的质和第二性的质的复杂理论。

凭借这种方法，我们在观念中将感觉表象表征为对若干事件的知觉，科学思维对象起于这些事件。这样的方法是在模糊流动的感觉与精确的思维定义之间架起桥梁的关键手段。在思维中，命题非真即假，实体是确切的，实体之间的关系可以（在观念中）用关于明晰实体的确切命题来表达。感官知觉完全不了解这些东西，最多是嘴上说说。到了探究的某个阶段，准确性就彻底崩塌了。

Ⅲ 时间与空间

前文回顾——知觉感觉对象之间有时间关系和空间关系。这些感觉对象如果识别出以下三种情况之一，则区分为不同的对象：（1）感觉内容有差别，（2）有"同时发生"以外的时间关系，（3）有"重合"以外的空间关系。因此，感觉对象的来源是识别完整感觉表象流之内的区别，也就是，发现对象之间的关系差别，从而将其识别为关联对象。感觉内容的差别是无限复杂多样的。在一般概念这个帽子下分析这些差别，正是物理学永无止境的任务。时间关系和空间关系相对简单，分析它们应该使用的一般概念也是显而易见的。

也许正是因为时间和空间简单，所以思维才将它们选为区分对象的永久性基础，将由此得到的各种感觉对象打包成一个原初粗略知觉思维对象，然后按照前面讲述过的流程，形成一个知觉思维对象。因此，通过这种方式在现下短时间内形成的知觉思维对象，是一个或实际，或假想的原初粗略知觉思维对象。这种知觉思维对象局限于一个短暂的时间段内，承载着组成该对象的各个感觉对象在同一时间段内的空间关系。于是，从完全范围来理解，知觉思维对象之间有着它们作为一个整体的时间关系，而在任何一个短暂时段内，知觉思维对象之间又有着构成这些对象的感觉对象在同一时间段内的空间关系。

关系是结合在一起的。于是，知觉思维对象在时间和空间上是关联的。对感觉表象进行客观分析的源头，就是将感觉表象通过时间关系和空间关系识别为不同的感觉对象。于是，知觉思维对象是通过时间和空间来区分的。

整体和部分——感觉对象是完整表象流的一部分。这种"部分"的概念只是在陈述感觉对象与完整表象流之间的关系。一个感觉对象也可以是另一个感觉对象的一部分。它可以是两种意义上的一部分，也就是时间上的一部分，还有空间上的一部分。时间部分和空间部分看上去大概都是基本概念，也就是说，这两个概念表达了直接呈现给我们的关系，而不是关于概念的概念。在这种情况下，进一步定义实际表象就是不可能的了。我们甚至可以进一步定义出这种表象发生的充分条件。比方说，在关于物理学描述的分子和电子世界是否存在的问题上，我们暂且采纳实在论的形而上学立场，那么某个人在某个确定时间对一把椅子的视像本质上是不可定义的。那是他的视像，尽管我们每个人都会猜测，它与我们在类似情况下的视像肯定非常相近。但是，可定义的分子和光波存在且与此人的感觉器官存在某种可定义的关系，此人的身体也处于某种可定义的状态，这就构成了视像发生的充分条件。自然法则的法庭认可这条标准，物理学也含蓄地用这条标准替换掉了视像。

"整体与部分"与"全部与一些"是两种联系密切的关系。我们可以就直接呈现的感觉对象来解释两者的联系。设有两个感觉对象，如果不存在第三个对象同时是两者的一部分，则称这两个感觉对象"分离"。那么，对象 A 由对象 B 和 C 组成的条件是：（1） B 和 C 都是 A 的部分，（2） B 与 C 分离，（3）不存在任何属于 A 的部分既与 B 分离，又与 C 分离。在这种情况下，由两个对象 B 和 C 组成的集合 α，通常就会在思维中替换为感觉对象 A。但是，这个过程预设了"整体与部分"这一基本关系。反之，对象 B 和 C 可能是实际的感觉对象，但对应于集合 α 的感觉对象 A 可能还是假想。例如，我们生活的圆形地球仍然是一个概念，它不对应于在任何一个时间呈现给任何一个人的意识的任何一个感觉对象。

当时，我们可能会找到某种模式将广延对象之间的整体—部分关系理解为逻辑集合之间的所有——一些关系。但按照这种模式理解的广延对象，就不会是真正呈现给意识的感觉对象了。这里理解的"某一个感觉对象的一个部分"是另一个同类型的感觉对象，因此，一个感觉对象不可能是一个由其他感觉对象组成的集合，就像一个茶匙不可能是一个其他茶匙的集合。在日常思维中，将"整体—部分"关系转换为"全部——一些"关系借用的工具是点，也就是说，一个对象的部分所占据的点，是这个对象整体所占据的点中的一些点。如果一个人主张，在他的意识中，感觉表象就是点—对象的表象，而广延对象只是思维中这些点对象的集合，那么这种日常做法就完全可以令人满意。我们接下来的论述中假定，这种直接感知点对象的概念不符合事实。

前一章"思想的组织"中提出了另一种模式。但是，此法只适用于知觉思维对象，而且不涉及这里讨论的一阶感觉对象。于是，我们必须将其视为后一个思维阶段中的一种次要工具。

于是，时间点—对象、空间点—对象、兼具时间和空间的时空点—对象都必须视为思维的建构。基本事实是感觉对象。感觉对象有时间广延和空间广延，与其他感觉对象之间存在"整体—部分"这一基本关系，而且当我们在思维中一级一级接连处理感觉对象中包含的部分时，感觉对象遵守收敛化简原理。

"整体—部分"关系是时间或空间关系，因此原初存在于知觉感觉对象之间，只是在衍生层面派属给感觉对象所属的知觉思维对象。更一般地讲，空间关系和时间关系存在于知觉感觉对象之间，衍生于知觉思维对象之间。

点的定义——现在，我们可以研究时间点和空间点的起源了。我们必须区分（1）感觉时间与感觉空间，和（2）知觉思维时间和知觉思维空间。

感觉时间与感觉空间，是实际观察到的感觉对象之间的时间关系与空间关系。感觉时间与感觉空间是没有点的，除了或许有少数个别例子能让人联想到逻辑概念。另外，感觉时间与感觉空间是不连续且碎片化的。

知觉思维时间与知觉思维空间，是知觉思维对象之间的时间关系和空间关系。知觉思维时间和知觉思维空间都是连续的。这里"连续"的意思是，所有知觉思维对象之间都存在空间（或时间）关系。

点发源于充分利用收敛化简原理的企图。如果这条原理不适用的话，那么点就只是将注意力引向若干知觉思维对象之间的若干关系的笨拙方式，尽管这组关系与思维对象一样是实际的，但（在这种认识下）并无特别的重要意义。而事实已经证明，时间点与空间点在物理学中有重要意义，这要归功于收敛原理的广泛适用性。

欧几里得用不可分割和没有量级来定义点。在现代语言中，点通常被描述为通过不断持续减小体积（或面积）这一过程得到的理想极限。这样理解下的点常被称作"方便的虚构"。这个说法是含混的。"虚构"是什么意思？如果指的是不与任何事实对应的概念，那就难以理解它如何在物理学中有任何用处。比方说，红皮绿衣月球人是一个虚构，它对科学不可能有一丝一毫的用处，原因很简单——我们不妨这样认定，它不对应于任何事实。将点的概念称作方便的虚构，意思肯定是这个概念确实对应于某些重要的事实。于是，为了替代这种含混的暗喻，我们有必要解释这个概念到底对应于哪些事实。

把点解释为理想化的极限，并无多大助益。什么是极限？在级数理论和函数值理论中，极限是有精确含义的，但这两个含义在此都不适用。我们观察到，在通常数学里所用的极限含义得到精确说明之前，点是极限的概念或许是众多只能靠直觉领会的概念之一。我们现在不能采取这种看法。于是，我们要再一次面对这个问题：在将点描述为理想极限时，我们指的是哪些确切属性？在接下来的讨论中，我们会尝试用知觉思维对象来表述点的概念，这些思维对象通过整体—部分关系（可以是空间关系，也可以是时间关系）联系在一起。按照这种思路，我们可以认为讨论方向是精确阐述"理想极限"一词在相关常用情况下的意义。

我们在这里加入少量符号，可以让读者更容易地跟上后续论证：aEb 的意思是"b 是 a 的部分"。我们无须确定讲的是时间里的部分，还是空间里的部分，但不管选哪一个，都必须在所有相关讨论中始终遵循。符号 E 可以理解为"enclose"（包含），于是"aEb"可以读作"a 包含 b"。另外，"E域"是所有包含和被包含的东西组成的集合，也就是说，所有能找到 x 使得 aEx 或 xEa 的"a"。E域的元素叫作"包含对象"。

我们之后会将这种整体—部分关系称作"包含"，并假定 E 关系总是满足以下条件：（1）传递性，（2）非对称性，（3）

定义域包含逆定义域。

这四个条件值得略作讨论，只有前两个条件是推理过程中会用到的实质性假设。

条件（1）可以这样表述：如果 aEb 且 bEc，则总有 aEc。能找到实体 b 使得 aEb 和 bEc 这一事实可以被理解为 a 和 c 之间的一种关系。我们可自然地将这种关系写作 E^2。于是，该条件现在写作：如果 aE^2c，则 aEc。还有另一种表述方式：只要 E^2 关系成立，则 E 关系必然成立。

条件（2）有一部分是单纯的细节定义问题，也有一部分是实质性假设。非对称关系（E）指的是，aEb 和 bEa 永远不会同时成立。这条性质可以分成两部分：（1）不存在 aEb，bEa 且 "a 异于 b" 的情况，（2）不存在 aEa 的情况。前一部分是实质性假设，后一部分（对我们来说）则只是一个无关紧要的约定，即我们不将一个对象视为其自身的部分，而只关心"真部分"。

条件（3）的意思是，如果 aEb，则总能找到 c 使得 bEc。结合我们只考虑真部分这一条，条件（3）就是表达了广延对象在空间和时间上都无限可分的原理。

不可分的部分没有时间和空间中的广延，因此与可分的部分有着本质上的性质差别。如果我们承认这种不可分实体才是真正的感觉对象，那后面的讨论就没有必要了。

由于与无穷多选择理论相关的逻辑难题，我们会发现还需要第四个条件。这个问题涉及繁难的抽象逻辑，此处无须进一步讨论。结果就是，如果不做假设的话，我们就不能证明包含无穷多对象——这里的对象叫作点——的集合存在。我们马上就会做解释。

设有一个由包合对象组成的集合，具有以下性质：（1）任意两个元素之间必有包合关系，（2）不存在被所有其他元素包合的元素，（3）不存在被集合中所有元素包合的集合元素。该集合称为"收敛包合对象集合"。当我们顺着序列从大元素向小元素推进时，肯定就是趋向一个可达到任意近似程度的理想单元，而序列整体就代表着近似路径上的完整理想。再说一遍，序列其实就是近似路径。

我们现在必须追问：收敛化简原理能否在所有收敛路径上得到同样类型的单元？答案我们也能预料到，那就是要看所要化简的属性属于什么性质。

以时间为例。时间是一维的，于是，当我们用这里未被表述的适当条件来表达一维属性，且将收敛包合对象集合视为近似路径的话，则这个集合必然会表现出时刻唯一性，符合欧几里得定义的通常理解。因此，凡是将收敛化简原理运用于时间得到的单元，都会表现在任何这种近似路径的性质当中。

空间涉及其他的因素。由于空间是多维的，所以我们可以说明：不同的收敛包含对象集合代表不同的近似路径，它们可能会收敛到不同类型的单元，单元的复杂程度可能会有不同。

例如，设有一个长方体，长 h 米，宽 b 米，高 c 米。现在，保持 h 和 b 不变，令中心面（长 h，宽 b）保持与高垂直，然后不断缩小 c。就这样，我们得到了一个无穷多盒子组成的收敛序列，而且序列中不存在最小的盒子。这个收敛序列就呈现为趋向于一种单元的近似路径，单元表述为长 h，宽 b，无厚度的平面。

我们再保持长度 h 的中心线固定，将 b 和 c 不断缩小，序列就会收敛于一条长度为 h 的线段。

最后，只保持中心点固定，将 h、b 和 c 都不断缩小，序列就会收敛于一点。

此外，我们尚未引入概念禁止包含对象由分离的空间片段组成。于是，我们可以轻易想象出一个收敛于空间中多个点的收敛集合。比方说，集合中的每一个对象都由两个半径为 r，球心分别为 A 和 B，且互不相交的圆球组成。于是，

通过不断将 r 缩小，同时固定 A 和 B，集合就会向 A 和 B 两个点收敛。

现在还需要考虑的是，如何仅仅使用基于包合关系的概念，将收敛于一点的收敛集合与所有其他收敛集合区分开来。

我们用希腊字母来命名收敛集合。当我们说沿着收敛集合"向前"时，意思是不断从集合中较大的包合对象向较小的包合对象走。

如果收敛集合 α 的每一个元素都包合收敛集合 β 中的某个元素，则称 α "覆盖" β。我们注意到，如果一个包合对象 x 包合了 β 中的任一元素（y），那么 β "末端"的任一元素也必然会被 x 包合；末端是从 y 开始沿着 β 集合向前得到的集合。于是，如果 α 覆盖 β，则 α 的每一个元素都会包合从被该元素包合的最大 β 元素开始的 β 末端中的每一个元素。

两个收敛集合有可能相互覆盖。例如，设有一个集合（α）由向中心点 A 收敛的同心球体组成，另一个集合（β）由在相似位置且向同一个中心点 A 收敛的同心立方体组成，则 α 和 β 相互覆盖。

我们称这样两个相互覆盖的收敛集合"等价"。

于是，收敛集合 α 具备点态收敛的一个充分条件如下：每个被 α 覆盖的收敛集合都与 α 等价，也就是说，如果"α 覆盖 β"总能推出 β 覆盖 α，则收敛集合 α 具备点态收敛。

由简单例子可知，其他收敛于面、线或多个点的收敛集合不会具备这一性质。以前面举过的三个长方体收敛集合为例，三个集合分别收敛于一个中心面、中心面上的一条中心线、中心线上的中心点。第一个集合覆盖第二个集合和第三个集合，第二个集合覆盖第三个集合，但任意两个集合之间都不存在等价关系。

一个更困难的问题是，如何确定这里提出的点态收敛充分条件是否也是必要条件。这取决于，在形成精确的数学空间概念之前，知觉思维对象在多大程度上具备精确的边界。如果我们认为知觉思维对象有精确的边界，那就必须允许收敛集合收敛到点上。于是，明确点态收敛完整条件的论证过程会变得非常烦琐[1]，这里就不讨论了。

但是，精确空间边界概念涉及的这种精准确定，似乎并不属于真正的直觉思维对象。设定精确边界其实属于从知觉

---

[1] 参见 *Révue de Métaphysique et de Morale*，1916 年 5 月。其中 *La théorie relationniste de l'espace* 一文的末尾讨论了这个问题。[1928 年增注：该文写于 1914 年，当年 5 月宣读于巴黎举行的一场会议。我认为它并没有回避难点。我在 1928 年的吉福德讲座中重新探讨了这个话题。]——原文注

思维对象到科学思维对象的转换阶段。传统上，从直接感觉对象向知觉思维对象的转换被理解为一个摇摆不定的思维过程。我们在这里标出了明确的阶段，只是为了证明用符合逻辑的方式阐明转换过程是有可能的。

于是，我们假定前面列出的包合对象收敛集合点态收敛的条件既是充分条件，也是必要条件。

可证，如果两个收敛包合对象集合都与第三个收敛集等价，那么两者彼此等价。取任意点态收敛集（α），我们要定义这样一个"点"，使得 α 是收敛至该点的近似路径，且该路径对 α 以及所有与 α 等价的收敛集中立。这些集合都是收敛"点"与 α 相同的近似路径。我们可以这样来定义该点：它是一个集合，由所有属于 α，或属于任一与 α 等价的收敛集的包合对象组成。令这个包合对象集合为 P。那么，任取一个包合对象收敛集合（β），如果它的所有元素都选自集合 P 的元素，那么 β 必然是收敛点与最初的点态集合 α 相同的近似路径；这就是说，如果我们选择 β 中的一个足够小的包合对象，则总能找到一个 α 的元素包合该对象；而如果我们选择 α 中的一个足够小的包合对象，也总能找到一个 β 的元素包合该对象。于是，P 就只包括点态收敛集合，而且从 P 中任选两个收敛集合，这两个集合代表的近似路径都会收敛于相同的结果。

点的用处——点的唯一用处是方便运用收敛化简原理。按照这条原理，一些简单关系会在适当情况下为真，也就是只考虑空间或时间范围足够狭小的对象。通过引入点，我们可以将这条原理延伸到理想极限。例如，设 $g(a, b, c)$ 代表某个涉及三个包含对象 a、b、c 的命题，且如果对象的范围足够狭小，则该命题可能为真。令 A、B、C 为三个给定的点，可得 $g(A, B, C)$ 定义如下：任选三个包含对象 a、b、c 使得 a 是 A 的元素，b 是 B 的元素，c 是 C 的元素，则总能找到 A、B、C 的另外三个元素，即 A 的元素 x，B 的元素 y，C 的元素 z，使得 aEx，bEy，cEz 且 $g(x, y, z)$。因此，只要在 A、B、C 的末端中往下走得够远，则总能找到三个对象 x、y、z 使得 $g(x, y, z)$ 为真。

例如，令 $g(A, B, C)$ 的意义为"A、B、C 是一条直线上的三个点"，那么它的意思必然是：分别从 A、B、C 中任选三个元素 a、b、c，则总能从 A、B、C 中另外找到三个元素 x、y、z，使得 a 包含 x，b 包含 y，c 包含 z，且 x、y、z 在一条直线上。

有时需要双重收敛，也就是条件收敛加对象收敛。以这个命题为例，"A 点和 B 点相距 2 米"。"相距 2 米"这个精确表述不适用于对象。对于对象 x 和 y，我们必须将命题替换成"x 和 y 之间的距离位于（$2\pm e$）米极限区间内"。这里 e 是我们为该命题选定的某个小于 2 的数。然后，A 点和 B 点相距 2 米，那么，我们无论如何选择 e，如果从 A 和 B 中分别任取两个包合对象 a 和 b，则总能找到分别属于 A 和 B 的包合对象 x 和 y，使得 a 包合 x，b 包合 y，且 x 和 y 的距离位于（$2\pm e$）米极限区间内。显然，因为我们可以将 e 选到任意小，所以这个命题精确表述了 A 和 B 相距 2 米的条件。

直线与平面——但是，直线和平面的思维建构问题还没有分析透彻。我们已经解读了三点或三点以上共线的含义，同理可得四点或四点以上共面的含义，这两个命题都是从关于广延对象的含混表述中提取出的精确几何学表述。

这种做法只考虑了点的有限集合。但是，直线和平面都被认为含有无穷多个点。为了得到完全的线和面，我们需要再次运用聚类原理，正如一组原初粗略知觉思维对象聚合为一个完整的知觉思维对象。这样一来，在满足特定交错条件的情况下，重复的点集共线性判断终于可以聚合为一个判断，即这些点集中的所有点构成了一个完整的共线集。共面性判断同理。这个逻辑聚类过程可以表述为精确的逻辑分析，但这里无须深入细节。于是，我们将点分成了平面和直线，关于这些平面和直线的各条几何学公理由此成立。只要这些公理还以点的概念为必要前提，它们就可以被认为是更含混的、更不精确的、关于广延对象关系的判断的结果。

虚空——我们必须看到，前面定义的点必然涉及知觉思维对象，而且必然在这些对象占据的空间广延之内。这些对象确实以假想居多，而且我们可以将足够多的对象加入假想，将直线和平面填满。但是，每一个这样的假想都会削弱科学自然观与实际观察到的事实之间的联系，这些事实是涉及实际感觉表象的。

奥卡姆剃刀[①]，"如无必要，勿增实体"，不是一条仅仅以追求逻辑简洁为基础的随意规则，运用范围也不仅限于形而上学思辨。我不了解它在形而上学中成立的确切原因，但它在科学中显然是成立的，也就是说，每次使用假想实体都会削弱一种主张的力度，即科学论证是追求思维与感觉表象两者间调和的必然结果。假想增多，必然性也随之减弱。

这就是拒绝认为一切空间本质上都依赖于填充空间的假想对象，常识思维也支持这种看法。我们认为物质对象填充

---

① 奥卡姆剃刀（Ockham's razor），由 14 世纪逻辑学家、圣方济各会修士奥卡姆提出，这个原理称 "Entia non multiolicanda praeter necessitatem"（如无必要，勿增实体）。——编者注

了空间，但我们会问：地球和太阳之间是否存在对象？星辰之间呢？星辰以外呢？对我们来说，空间就在那里，唯一的问题是，它是不是充满的。但这种问题预设了虚空的含义，也就是不包含假想对象的空间。

这就扩大了点这一概念的运用范围，于是点的定义也必须扩大。迄今为止，我们将点理解为对象之间的包合关系。于是，我们得到了所谓的"实点"。但是，现在可以改造点的概念，使其表示非闭合的外部关系的可能性，方式就是扩大早已为几何学家所知的理想点概念。

将"实线"定义为共线点组成的完全共线集合。现在来看包含某一个实点的实线所组成的集合。称该实线集合为理想点。这个线集表示了某一个位置的可能性，实际占据这个位置的是所有实线都包含的那一个实点。于是，这个理想点就是一个实占理想点。现在来看一个由三条实线组成的集合，其中任意两线都共面，但三线不共面；再来看一个集合，它是由与前述三条实线都共面的实线所组成的完全集合。通过对实线成立的公理，我们能证明后一个集合中的任意两条线都共面。于是，按照最广泛的理想点定义，整个线集（包括前面的三条线）构成了一个理想点。在这种情况下，存在一个属于所有线集的实点，但它可能并非实占。于是，理想点仅仅表示一种尚未实现的空间关系的可能性。这就是虚空点。由此可见，可能实占，也可能非实占的理想点，就是作为一门应用科学的几何学中的点。这些点会分配到直线和平面中。但是，如果继续探讨这个问题，我们就会进入对几何学公理及其直接推论的技术性话题了。关于几何学是如何根据空间关系理论产生的，讲这么多已经足够了。

按照这样的理解，空间是物质世界的思维空间。

Ⅳ 力场

科学思维对象与这个思维空间有着直接的概念关联。对象的空间关系是由思维空间中的点来表示的。这些关系出现在科学中，只是进一步发展了常识思维中固有的过程。

人们过去利用知觉思维对象这一概念，在思维中表征完整感觉表象内的关系。并非所有感觉表象都能这样表征，思维对象的变化与消失也会引发思维混乱。为了化混乱为有序，有人曾尝试利用具备第一性的质和第二性的质的持存物质概念。终于，第二性的质被追溯为对事件的知觉，知觉是由对象产生的，但——在感知中——完全与对象分离。知觉思维对象也已经被分子、电子和以太波取代，直到最后发现，我们感知到的从来不是科学思维对象，而是科学思维对象引起的复杂事件序列。如果科学是正确的，那么人感知到的从来不是物体，而只有事件。结果就是，传统哲学语言依然存在于许多领域，而它只要联系现代科学概念，就会让人一头雾水。哲学——也就是说，传统哲学——认为物是直接感知到的。根据科学观念，终极的物是感知不到的，知觉本质上来自事件序列。两种观念不可调和。

现代科学概念的优点是，它能够"解释"感觉表象那流动而模糊的轮廓。现在，知觉思维对象被理解为一种大量分子的相当稳定的运动状态，状态在不断变化，但保持着一定的特征同一性。另外，零散感觉对象现在也可以解释了，这种对象不会直接给定为某个知觉思维对象的部分：跳动的反射光、依稀听到的声音、气味。事实上，科学世界中被感知到的事件有同样的宏观定义或没有定义，有同样的宏观稳定性或没有稳定性，这取决于是从完整感觉表象的感觉对象，还是从知觉思维对象的视角去看。

科学思维对象，也就是分子、原子、电子，获得了持存。事件则被还原为空间位形的变动。决定这些变化的法则就是终极的自然法则。

物理宇宙中变化法则基于这样的假定：宇宙先前的状态

决定了变化的性质。于是，只要知道宇宙迄今为止所有瞬间的构造和事件，那么凭借这些数据就足以确定之后全部时间里的事件序列。

但是，常识思维处理的是知觉思维对象的世界，它在追溯先前事件时会习惯性地假定，大多数先前事件都是可以忽略的无关项。归因时只会考虑先前一小段时间内发生的少数事件。最后，科学思维中有一个假定，认为只要了解之前任意一小段时间内发生的事件就足够了。于是，按照这种理论，只要掌握到某一瞬间的物理量及其任意阶逐次微分系数，再加上这些量和微分系数在这一瞬间之前的极限值，那就足以确定这一瞬间之后所有时间里的宇宙状态。人们还假定了更具体的法则，但探寻它们要受到这条普遍法则的指导。另外，科学里也假定任意特定效应的产生与物理宇宙中的大部分事件都无关，且被假定源于相对少数的先前事件。这些假定是从人类的经验中产生的。人生的第一课就是将注意力集中在感觉表象的少数因素上，而在知觉思维对象的宇宙里，要关注的因素还会更少。

寻找具体起因的思维指导原则——有意或无意——是，时间距离和空间距离是影响相对较小的证据。这条原则的极端形式就是否认一定空间或时间距离外的任何作用。接受粗糙形式下的这条原则的困难在于，既然没有毗邻点，那么相互作用就只存在于重合物体之间了。我不知道如何回答这道难题——要么两个物体位置相同，也就是重合；要么两者位置不同，因此相隔一定距离，彼此之间不存在相互作用。

假设存在连续分布的以太并没有绕过这道难题。原因有二：其一，以太的连续性不能消除两难困境；其二，这道难题适用于空间，也适用于时间。而从上述两难可证得因果不可能产生变化，也就是说，条件变化不可能是先前状况造成的结果。

另一方面，在空间中分离的两个物体之间确实会有直接相互作用，这无疑违背了一种距离的概念，即距离意味着两个物体在空间上有关系，在物理上没有联系。无论假定一定距离外有没有作用，都不违背逻辑，但却违背了常识思维机制的稳固假定，而科学的主要任务正是在只做最小调整的前提下，将常识思维与感觉表象调和起来。

现代科学其实不关心这场争论。它（未获得承认）的观念其实大不相同，尽管还保留了上一个时代的言语解释。观念变迁的要点在于，旧的科学思维对象被认为具有简单性，而物质宇宙整体不具有简单性。科学思维对象被隔绝在有限的空间区域内，只有力能改变对象的状态，但力并不是对象本质的重要组成部分。为了解释消极思维对象之间的积极关系，人们就提出了以太。整个以太概念都涉及前面讲过的逻辑难题。另外，我们也说不清以太到底在什么意义上做出了解释。以太具有一类原初思维对象不具有的活动，也就是传递势能，而原子只具有动能，所谓的原子势能实际上属于周围的以太。真相是，以太豁免于"超距作用不存在"这条公理，这条公理也因此失去了全部效力。

现代的科学思维对象——尚未获得明确的承认——具备了整个物质宇宙的复杂度。在物理学和其他学科中，从简单性中得出复杂性的无望努力已经被默默放弃了。现在的目标不是简单性，而是持存性与规则性。在某种意义上，规则性是一种简单性。但它是稳定相互关系意义上的简单性，而非内部关系下不存在分类，或者关系种类意义上的简单。这个思维对象充满了整个空间。它是一个"场"，也就是说，它是涵盖整个空间的特定标量与向量分布，这些量在每一个时间点的每一个空间点上都有赋值，连续分布于整个空间和整个时间，可能有个别不连续点除外。在每一个时间点和空间点，构成场的各类量之间都有着固定的关系。这些关系就是终极的自然法则。

以电子为例。电有标量分布，通常称作电子。该标量分

布在时间 t 的任意一点 (x, y, z) 都有体密度 ρ。于是，ρ 就是一个 (x, y, z, t) 的函数，除了在限定区域内，函数值均为 0。此外还有一个必要的补充条件：在任意时间 t，在电场力向量 (X, Y, Z) 和磁场力向量 (α, β, γ) 这两个向量的任意一点上，ρ 都有连续时间分布。最后，标量电场分布被赋予了个体性，于是除了恒定的量以外——此处涉及假定的法则，我们还可以规定分布的不同组成个体的运动速度。令 (u, v, w) 为 (x, y, z, t) 点上的速度。

这一整套标量和向量组成的系统，即 ρ、(X, Y, Z)、(α, β, γ)、(u, v, w)，由电磁学定律联系在一起。由电磁学定律可得，在每一个瞬间，标量分布 ρ 意义上的电子都从自身以真空光速向外发射，由此可以计算出由该电子引发的 (X, Y, Z) 和 (α, β, γ)。于是，在任何时间，由电子引发的场完全取决于电子之前的历史，与电子的空间距离越近，相关历史的时间距离就越近。这个场的一整套系统是一个科学思维对象：电子及其发射构成了一个基本的整体，也就是一个本质上是复杂的，基本上填满空间的科学思维对象。真正的电子，也就是标量分布 ρ，是整体的焦点，其本质焦点性质是：在任一瞬间，场由焦点的先前历史，以及先前全部时间里焦点的空间关系所完全决定。但是，场和焦点不是独立的概念，而是在一个有机整体中有着本质性的相互关联，也就是说，两者是单一关系场中具有本质联系的项，实体借助这个场进入我们的思想。

多个电子的场会根据线性聚类法则进行叠加，即同种标量直接相加，同种向量按照平行四边形法则。每个电子的运动变化完全取决于它在所占区域产生的场。于是，场可以视为作用的可能性，不过是代表着实际的可能性。

请注意，这里包含了对因果关系的两种不同看法。在任何空间区域内，完整场都取决于所有电子的过往历史，这些历史与电子之间距离的远近成正比。这种依存关系也可以理解为传播。但如果要看是什么造成了该区域内电子的变化，那就只是区域内的场，这个场在时间和空间上与那个电子重合。

这个过程认识的是蕴含着可能性的实际，这正是规则性与持存性进入科学思维的一致过程，也就是说，我们从事实性的实际发展到了可能性的实际。

按照这条原理，命题生发于实际的思想表达，知觉思维对象生发于粗感觉对象，假想的知觉思维对象生发于实际的知觉思维对象，实点生发于假想知觉思维对象的假想无穷集合，理想点生发于实点，科学思维对象生发于知觉思维对象，电子场生发于实际电子的实际交互反应。

这个研究过程追求的是持存性、一致性与逻辑关系简单性，但并不会带来内部结构的简单性。每一个终极的科学思维对象都保留着属于整个科学宇宙的所有属性，但保留的形式是持存且一致的。

V 结论

我们在一开始排除了价值判断与本体论判断，而在最后要唤回它们。价值判断不是物理学架构的一部分，却是科学产生动机的一部分。人们之所以建立起科学大厦，是因为相信它有价值。换句话说，动机涉及无数的价值判断。另外，人们也会有意识地选择发展科学领域的哪些部分，这种有意识选择就涉及价值判断。这些价值可能是审美的，道德的，或功利的，也就是说，与科学大厦的美有关，与探究真理的义务有关，或与满足物质需要的功用有关。但不管是何种动机，没有价值判断就不会有科学。

另外，本体论判断不是因为没有意义而被排除的。事实上，生活中的每一件事都预设了这种判断：在情感中，在自我约束中，在建设性活动中。价值判断预设了本体论判断。

本体论判断的困境是，在协调粗糙常识判断的方法上没有达成共识。

科学没有消除对形而上学的需要。最需要形而上学的地方，正是与前面讲的"蕴含着可能性的实际"相关的内容。只需要几句话就能让论证更加清晰，但那会唐突形而上学巨擘们，本文无志于此。

粗略来说，主体与对象的概念涵盖了两种不同的关系。一种关系是在整体知觉意识与其自身内容的一个部分之间，例如知觉意识与其直接感知到的红色对象之间的关系。还有一种关系是在知觉意识与某个实体之间，这个实体不作为该意识内容的一个部分而存在。这种意识——就知觉意识对它的了解而言——必然是推测关系，而推测来自对知觉意识内容的分析。

此种推测的基础必然是这样一些意识中的要素：意识直接知道它们超越了意识中的即时表象。这些要素是普遍的逻辑真理、道德与审美真理、体现在假想命题中的真理。它们是直接的知觉对象，而不仅仅是知觉主体的情感。它们是个体主体直接表象的部分，但又不是这样的部分。所有其他存在都是推测的存在。

在本章中，我们直接探讨的是假想命题中体现的真理。

这种真理决不能与一种疑虑混淆，也就是我们对自然现象未来进程下判断时的疑虑。假想命题与定言判断一样，可能是可疑的，也可能不是。它与定言判断的另一个共同点是，它表达了一个事实。这个事实有两重性：作为意识中的表象，它就是假想判断本身；而作为定言事实的表达，它陈述了一个关系，这个关系在意识之外，成立于由此推测出的实体之间。

但是，这段形而上学分析短则短矣，却很可能是错的，最多也只能得到极少部分的赞同。这是当然了，而且承认这一点恰恰引出了我想要表达的观点。物理学基于思维的要素，比如关于实际知觉的判断，又比如关于在特定情况下可能会成为现实的假想知觉的判断。这些要素构成了常识思维机制的公认内容。它们需要做形而上学分析，但它们也属于形而上学的原始素材之列。排斥它们的形而上学已经失败了，不能将它们与理论相协调的物理学也已经失败了。

科学只是让对形而上学的需要变得更迫切了。它本身对解决形而上学问题并无多少直接贡献，但它确实有所贡献，那就是科学表明了一个事实：我们对可感知表象的经验可以分析成一种科学理论，这个理论不仅是完全的，而且发展前景无限。这项成就突出了逻辑思维与感知事实之间的密切关联。另外，科学理论的特殊形态必将产生一定影响。在过去，错误的科学生出了恶劣的形而上学。归根结底，科学是对整体证据的一部分进行缜密研究，形而上学家则会由此推演出自己的结论。

第十章　空间、时间与相对性

　　许多学科已经开创了不同的观点，以便考察与时间和空间相关的根本性问题。本文目标不大，只是想要将其中一部分观点联系起来。这就需要对每个视角做一概览。

　　为了解释莫利 – 迈克尔逊实验[①]和特鲁顿实验[②]得到的负面结果，数学家、物理学家已经发展了相对论。实验心理学家考察了来自原始经验感觉资料的空间概念是如何发展

[①]　莫利 – 迈克尔逊实验（Morley–Michelson experiment），在 1887 年由迈克尔逊和莫利首次进行的实验中，他们试图用干涉仪探测平行和垂直于地球运动方向上的光速差异。——编者注

[②]　特鲁顿实验（Trouton experiment），特鲁顿于 1902 年设想的一个电磁学实验，用来检测地球运动的绝对速度。——编者注

的。形而上学家考察了时间和空间的宏大统一性：没有起点也没有终点，没有边界，相关真理也没有例外；时空是经验世界的基础条件，而经验世界具有混乱的偶然性，从这一点来看，时空的上述性质就更加引人注目了。数学家研究了几何学公理，而且现在能从有限数目的假设出发，运用最严格的逻辑，推导出所有我们相信对空间和时间方面来说都普遍成立的真理。

这些不同思路发展过程中的交叉少得令人惊讶。或许这样也好。科学的结果永远不会完全正确。凭借健康的独立思考，我们有时也许会避免将他人的错误加到自己的错误里面来。但是，"交叉授粉"的正常方法无疑应该是考察自己的研究课题，或与之关联的课题在其他学科中的样貌。

我这里并不是要对不同学科展开系统性的研究。我没有相应的知识和时间。

首先，我们来看相对性理论的任何一个终极基础。所有空间测量都是从空间里的物到空间里的物。虚空的几何实体永远不会出现。我们唯一能直接知晓的几何性质，就是变动着的现象的性质，我们称这些现象为"空间里的物"。例如，太阳是远的，球是圆的，路灯杆子是直的。不管人类是从哪里获得了无限不变的空间这一概念，我们都可以放心地说，它不是来自直接观察到的现象。

关于如何认识这个结论，有两条对立的哲学思路。

一条是断定空间和时间是感官经验的条件，而且除非投射到空间与时间中，否则感官经验就不存在。于是，如果我们说，我们对空间和时间的知识来自经验，这或许是对的；但如果我们说，这种知识和万有引力一样是从经验中推导出来的，那就不对了。它不是推导出来的，因为在经验活动之中，我们必然会意识到空间是一个无限的、给定的整体，而时间是一个没有尽头的、统一的序列。这一哲学立场可表述为：空间和时间是先验感性形式。

与之对立的哲学解决方案是，断定我们的时间和空间概念都是从经验中推导得出的，与万有引力定律别无二致。如果我们形成了点、线、面的精确概念，并假定几何公理和时间公理表达了这些概念之间的关系，那我们就构造出了一个概念，它表达了经验事实，而且达到了观察所允许的最高精确度。

这两种哲学立场都旨在解释某一个难题。先验论解释了空间和时间定律被赋予的绝对普遍性，任何从经验中推导出来的结果都没有被赋予这种普遍性。经验论用到的因素都是其他物理学概念构造中公认既有的因素，在这种情况下解释了时空概念是如何推导出来的。

但是，我们还没有解决在讨论空间或时间问题时一定要牢记在心的区别。暂且把时空概念与经验的关系问题放下——时空概念在形成的时候到底是什么？

我们可以将空间中的点理解为自存实体，它具有一种无法定义的关系：它被就在那的终极的东西（我会称之为"物质"）所占据。于是，说太阳在那（不管到底是哪里），就是断定被我们称作太阳的正负电子集合与某个点集之间有占据关系，这些点根本上独立于太阳存在。这就是绝对空间理论。绝对论现在不流行了，不过有地位非常高的权威站在它一边——牛顿就是一位，所以请温柔对待吧。

另一种理论与莱布尼茨有关。我们对空间的概念，就是对空间中物之间关系的概念。因此，没有自存的点这样的实体。点，只不过是俗话里说"在空间里"的物质之间关系的某种特征。

由相对论可得，点应该通过物体之间的关系来定义。就我所知，数学家没有注意到相对论造成的这个后果，他们总是将点假定为数学论证的终极起点。许多年前，我解说过几种得出这种定义的方法，近来又添加了另外几种。类似的解释也适用于时间。在基于关系的时空理论达到令人满意的结果之前，我们还必须对空间点和时间点的定义进行漫长而细致的研究，还必须尝试和比较多种运用这些定义的方式。这是数学中尚未书写的一章，正如平行线理论在 18 世纪的状况一样。

在这里，我要请大家注意时间与空间的相似性。在分析经验时，我们会区分事件，也会区分物体，物体的变动关系形成了事件。如果有时间的话，我有兴趣更细致地考察事件和物体的概念。现在必须指出的是，物体之间存在某些关系，我们将这些关系视为物体空间广延之间的关系。例如，两个空间可以是包含关系、互斥关系或重叠关系。一个空间中的点，不过是一个空间广延关系的特定集合。

同理，事件之间的某些关系可以这样来表述：它们是事件时间段之间的关系，也就是事件时间广延之间的关系（两个事件 A 和 B 时间段之间共有六种可能的关系，可能是一个先于另一个，或者部分重叠，或者一个包含另一个）。事件时间广延的性质与物体空间广延的性质大体类似。空间广延表现为物体之间的关系，时间广延表现为事件之间的关系。

时间中的点是时间广延关系的集合。我们不需要多少反思就能明白，时间点不是直接由经验给出的。我们生活在时间段中，而不是时间点上。但是，除了单纯的名称以外，时间广延与空间广延有什么共通之处呢？考虑到现代相对论揭示了时间和空间之间的密切联系，这个问题已经有了新的重要意义。

我尚未想出这个问题的答案。但我要提出，时间与空间体现了一些对象之间的关系，而我们正是依赖这些关系，才得出对象在我们自身之外的判断。也就是说，空间位置与时间位置都体现了外部性判断，或许也让我们必然会做出外部性判断。这条提议非常含混，我只能以这样粗略的形式放在这里了。

不同的欧氏度量系统

现在我们来谈数学中对几何学定理的探究。我们最应该记住的是探究的成果，也就是揭示了非度量射影几何与度量几何之间的重大区别。非度量射影几何要基础得多。从点、直线和平面的概念出发（三者不需要同时都视为不可定义概念），再加上这些实体的一些非常简单的性质——比方说，两点确定一条直线——我们几乎就能建构出整个几何学。为了方便论证，甚至可以引入定量坐标。但不需要提到距离、面积或体积。点在线上有次序，但次序并不意味着确定的距离。

当我们追问距离度量有哪些可能的方法时，我们发现有多个不同的度量系统，它们全都是可能的。系统主要分为三类：第一类系统会给出欧氏几何，第二类系统会给出双曲几何（亦称罗氏几何），第三类系统则会给出椭圆几何。另外，同一类内部的不同系统，或者不同类的系统中可能会有不同的"人"在进行计算，当然，你也可以选同一个人。我们来看一个之后会讲到的例子。有两个人 A 和 B，他们同意将相同的三条相交直线用作 x 轴、y 轴和 z 轴。两人均使用欧氏几何度量系统，而且对无穷远平面看法一致（这一点未必总是成立）。也就是说，他们对平行线的看法一致。接着，按照普通的卡氏直角坐标轴，两人一致同意 P 的坐标是长度 ON、NM、MP。到目前为止，一切和谐。A 将 Ox 上的线段 OU_1 定为单位长度，B 将 Ox 上的线段 OV_1 定为单位长度。A 将自己的坐标点称作 (x, y, z)，B 将自己的坐标点称作 (X, Y, Z)。

可得 [因为两个系统都是欧氏系统]，任取 P 点均有：

$$X = \beta x, \quad Y = \gamma y, \quad Z = \delta z \ [\beta \neq \gamma \neq \delta]$$

两人接下来要针对他们之间的差别做调整，先来看 x 坐标。显然，他们在 Ox 取的单位长度不同。A 将长度 OU_1 称作 1 单位，而 B 称作 β 单位。B 将单位长度由原来的 OV_1 改成了 OU_1，于是得到了 $X=x$。但是，因为他必须在所有度量中采用相同的单位，所以其他坐标也要同比例变动。于是有：

$$X=x, \quad Y=\gamma y/\beta, \quad Z=\delta z/\beta$$

根本分歧现在就显而易见了。A 和 B 对 Ox 上的单位长度达成了一致，方法是取该轴上的一条线段 OU 为单位长度。但在 Oy 上的哪一条线段与 OU_1 相等的问题上，两人无法达成共识。A 说是 OU，B 说是 OU_2'。O_z 上的长度同理。

结果就是，A 的球面为：$x^2+y^2+z^2=r^2$

B 的椭球体曲面则为：$X^2+\beta^2Y^2/\gamma^2+\beta^2Z^2/\delta^2=r^2$

即 $X^2/\beta^2+Y^2/\gamma^2+Z^2/\delta^2=r^2/\beta^2$

于是，两者对角的度量根本没有一致的可能。

如果 $\beta \neq \gamma \neq \delta$，则 A 和 B 有且只有一个以 O 为原点的共同直角坐标系。如果 $\gamma = \delta$，但 $\beta \neq \gamma$，则可以将

坐标轴绕着 Ox 旋转，从而得到无穷多个共同直角坐标系。我们感兴趣的就是这种情况。放到任意平行坐标轴上都能产生同样的现象。

难题的根源在于，A 的测杆在 A 看来严格不变，而在 B 眼中，它的长度却会随着方向变化。同理，所有让 A 满意的测杆都不会让 B 做出测杆不变的直接判断，而且会按照同样的规律变化。这个难题无解。ρ 和 σ 是两根杆子，把一根摆在另一根上面，两者就重合了；ρ 保持不动，两人都同意它没有变。但 σ 转动了。A 说它没变，B 说它变了。为做验证，转动 ρ 去量，结果与 σ 完全贴合。尽管 A 满意了，B 却说 ρ 和 σ 一样也变了。同时，B 拿出了两根让他满意的测杆，他说它们是不变的，A 则提出了与 B 完全一样的反对意见。

我们会说，A 和 B 采用了不同的欧氏度量系统。

人类生活有一个最不同寻常的事实：所有人似乎都按照同一个度量系统来形成自己对空间量的判断。但是，这句话只在人类观察所能达到的精度范围内成立。当我们试图建构一个自洽的物理学理论时，我们就不得不承认，不同的时空度量系统与物体行为是相关的。

于是，对时间和空间中的量的估测是取决于个体观察者的，而且是在一定程度上的，就连对次序的估测也是如此。

但是，除了用想象重构出来的那个世界，每个人都最有资格将其称为"现实世界"的那个世界以外，原始感官经验到底是什么呢？实验心理学家在这里登场了。我们无法摆脱他。我真希望可以摆脱，因为他的理论晦涩难懂，令人生畏。另外，他对数学原理的了解有时相当有限，我有时候怀疑——不，我不会说我有时产生的念头；他大概也对我们有同样的看法，而且同样有理有据。

然而，我不会冒险去归纳他的结论。我相信结论是符合实验证据的，包括物理学和心理学的证据，而且我前面推荐你们关注过数理逻辑中尚未写就的一章，那里面的材料已经暗示了实验心理学家的结论。时间、空间和量的概念可以分析为更简单的概念束。全体概念束未必整体适用于任意给定的感官经验，完整适用的情况甚至未必常见。比方说，外部性概念可以不用线性序概念，而线性序概念也可以不用线性距离概念。

另外，抽象的数学空间关系概念可能会造成混淆，将多个应用于给定知觉的不同概念混为一谈。比方说，"从观察者出发的线性投影"意义上的线性序，与"沿着视线延伸的一列对象"意义上的线性序就不一样。

数学、物理学假定世界是给定的，由彼此有确切关系的对象组成，而各种时空系统只是这些关系的不同概念表达方法，其采取的形式也适用于观察者的直接经验。

不过，肯定有一种方法能够表达处于同一个外部世界里的对象之间的关系。之所以会有不同的方法，只是因为视角不同，也就是说，因为站在宇宙里的观察者（他本就如此）添加了某些东西。

但是，这种认为物理学宇宙由假想对象组成的理解方式，只不过是童话罢了。真正的实在是直接经验。演绎科学的使命是考察运用于这些经验资料的概念，然后再考察与这些概念相关的概念，以此类推，直到达到需要的精细度。随着概念变得更加抽象，概念之间的逻辑关系也更加一般，更少例外。通过这样的逻辑建构，我们终于得到了具备以下条件的概念：（1）概念在个体经验中有确定的例示，（2）概念之间的逻辑关系特别平滑。比方说，数学里的时间和空间就是这样的平滑概念。人不是生活在"一个无限的、给定的整体"中，而是生活在众多碎片化的经验中。问题在于，如何表明通过对这些碎片进行逻辑建构，所得结果必然就是数学空间与数学时间的概念。其他物理学概念同理。这个过程从碎片化的经验世界中建构出了一个普遍的概念世界。埃及金字塔的实物是一个概念，凝视金字塔的列国人民的碎片化经验才是实在。

只要科学还在努力摆脱假说猜想，它就不能越出这些普遍逻辑建构。对按照这样理解的科学来说，前面提到的时间序分歧就不会是麻烦。不同时间系统只是显示了数学建构与（假想或实际）个体经验之间的不同关系，经验可以作为原始素材存在，是建构的出发点。

但归根结底，完全不涉及具体经验的数学建构应该是有可能做到的。不论是什么经验资料，它们必然都可以说有某种整体的东西，而这个"东西"就是对普遍世界的一般性质的陈述。经过适当的一般化，我们很难相信这些性质里会没有时间和空间。

如果我对康德理解正确的话——我承认这一点是很成问题的，那么他的主张是，在经验活动中，我们会意识到时间和空间是经验发生的必要成分。我冒昧地斗胆提出，这一学说应该转向（事实上，应该是整个反过来），也就是说，在经验活动中，我们感知到的是一个整体，而整体是由分化又关联的部分组成的。这些部分之间的关系具备某些特征，时间和空间是其中一部分关系特征的表达。于是，时间和空间被认为具有的普遍性和统一性，其实表达的是所谓的"经验结构的统一性"。

人类成功推导出了统一的自然定律，尽管这项成绩是有限的，但却证明经验结构的统一性超越了我们表述为时间和空间的那些经验资料特征。时间和空间是经验的特征，在这个意义上，时间和空间对经验来说是必要的，任何人的经验当然都离不开时间和空间。我觉得康德的推导只不过是说"存在的东西存在"——话是没错，但用处也不大。

但我承认，我所说的"经验结构的统一性"是一个极有趣、极迷人的事实。我愿意相信它只不过是幻觉。我在文章后面还会提出，这种统一性不属于原始经验资料的直接关系，而是用更细致的逻辑实体替代直接关系的结果，这些实体包括关系之间的关系、关系的集合、关系集合的集合等。由此可证——我认为可以——统一性是我们认为经验必然具有的性质，而它的抽象单薄程度远远超出我们通常允许的程度。于是，统一的物理世界时间与空间被提升到了逻辑抽象的层面，这样做还有一个好处是承认了另一个事实：个体意识到的所有直接经验都是极度碎片化的。

我在这个方面的观点是，碎片化的个体经验就是我们所知道的一切，一切思辨都必须从这些"残章"出发，把它当作唯一的资料。我们在思辨中认为平滑流动的世界是给定的，但我们并没有直接感知到它。在我看来，创造出这个世界是第一个无意识思辨活动，自觉的哲学的第一项任务，便是解释那是如何做到的。

大体上有两种对立的解释。一种是主张把世界作为一个预设。另一种则要将世界推导出来，不过不是通过推理链条，而是通过定义链条将思维提升到一个更抽象的层次，那里的逻辑概念更复杂，概念之间的关系也更普遍。在我们的思维中，我们生活在一个连通的、无限的世界中，而通过这种方式，破碎的、有限的经验就能在那个世界中继续存在。关于这一点，我还有两点评论。

（1）从直接经验能推导出这种上层结构的事实必然意味着，经验本身就具有一定的结构统一性。因此，这个重要的事实依然成立。

（2）我无意否认世界是一个预设。不带偏见地讲，在目前的哲学发展初级阶段，我认为我们不能摆脱中介性的公理。事实上，我们也惯于提出这种公理。

我的立场是，在有可能摆脱这种预设的情况下，我们应当通过细致考察，将这些预设驱逐出知识体系的每一个部分。

现在，物理学将我们对各种感官信息之间关系的知识组织起来了。我认为，这个知识领域尽管还不能完全驱逐预设，但可以通过我论述过的方式，将预设减少到最低限度。

我们再次注意到，从另一个视角出发的空间关系理论把我们带回到了那个观点：基本空间实体是源于物体间关系的逻辑建构。区别在于，这段话采用了一个更高层的视角，因为它隐含假定了空间中的物体，并认为空间表达了物体间的某些关系。把这段话和前面的论述放到一起，我们就会发现它暗示了这样的步骤：先用经验资料定义"物体"，然后再用物体间的关系定义空间。

我要强调一点，我们关于物理世界的确切资料只有感官知觉。我们绝不能落入一种误区，以为我们是在做比对，一边是给定的世界，另一边是对这个世界的给定感知。广义上讲，物理世界是一个推导出来的概念。

事实上，我们的难题是让世界去符合我们的知觉，而不是让知觉去符合世界。